Le mystère du Père

Imprimé en France *Printed in France*

ISBN 2-7082-3448-X

Marie-Abdon Santaner

Le mystère du Père

LES EDITIONS DE L'ATELIER

Les Editions Ouvrières
12 avenue Sœur Rosalie
75013 Paris

Du même auteur

Dieu cherche l'homme, Éditions de l'Atelier/Éditions Ouvrières.
Dans ce livre publié en 1965 et plusieurs fois réédité depuis, l'auteur propose d'inverser la démarche dans laquelle l'homme prétend trouver Dieu en invitant l'homme à se laisser trouver par Dieu. L'ouvrage a été présenté aux lecteurs par le Père Guérin, fondateur de la JOC, comme « un livre de fond capable d'orienter toute une vie ».

Homme et pouvoir, Église et ministère, Éditions de l'Atelier/Éd. Ouvières.
Le problème des ministères dans l'Église mis en rapport avec la manière dont les hommes traitent (et maltraitent) le problème de l'exercice du pouvoir.

François d'Assise et de Jésus, Desclée, collection Jésus-Jésus-Christ.

Présence et action de l'Esprit, Desclée de Brouwer.

De l'Exode à l'Exil, Desclée de Brouwer.

L'Esprit au cœur de la vie, Mediaspaul.

INTRODUCTION

LES ENJEUX D'UNE INITIATIVE

Le pape Jean-Paul II a voulu faire de l'année 1999 un temps de préparation ultime à l'entrée dans le troisième millénaire. À cette fin, il a proposé aux chrétiens de consacrer la dernière année du second millénaire à approfondir le mystère du Père.

Le mot père, récemment encore, véhiculait des significations nimbées de multiples auréoles. Le monde soviétique avait exprimé son admiration pour Staline en le qualifiant de « Petit Père du peuple ». Le monde catholique a depuis longtemps témoigné sa ferveur pour le pape (et la lui témoigne encore) en donnant à l'évêque de Rome le titre de « Saint Père ». Entre ces deux usages extrêmes du mot père pour glorifier un personnage, on pourrait en répertorier bien d'autres, aussi bien dans le domaine religieux que politique ou scientifique. Peut-être le savant Oppenheimer n'a-t-il guère apprécié d'être appelé « père de la bombe atomique ». Ce sera toujours par contre, un titre de gloire pour Robert Schuman d'avoir été appelé « père de l'Europe ».

Justifiées ou non, glorieuses ou ridicules, toutes ces dénominations ont été inspirées par le contenu couramment véhiculé par le mot père : un contenu rigoureusement et uniquement positif, fait de gratitude et d'admiration.

Le mot père peut-il être aujourd'hui attribué à quelqu'un avec la même signification ? Quel homme politique (à moins d'avoir perdu le sens du ridicule) s'accommoderait d'être appelé du nom de père ? Le président Mitterrand a pu laisser les siens utiliser à son sujet le mot tonton et le mot dieu. Aurait-il supporté que ses mitterandolâtres l'affublent du nom de père ? Il était trop intelligent pour jouer à ce jeu-là...

Les pères n'ont plus bonne presse. De Freud, tous les humains ont appris qu'on ne devient soi qu'en « tuant le père ». Dès lors, il est normal qu'être appelé père soit mal toléré. On le voit en bien des familles. Beaucoup de pères ont pour souci premier de jouer le plus vite possible au « grand frère ». Leurs enfants, pour devenir eux-mêmes, n'auront pas à les tuer.

« Dieu est mort ! » Tous le savent depuis Nietzsche.

Dieu ne serait-il pas mort du fait que dans son rapport aux hommes on avait concentré sur lui tous les défauts des pères ? Peut-être l'humanité, ne pouvait-elle advenir en sa plénitude de liberté qu'en tuant aussi ce Père ?

Le pape Jean-Paul II invite les chrétiens à effectuer, en l'année 1999, une démarche de réflexion sur Dieu le Père ? Est-il indiqué de s'accrocher à un pareil sujet dans un moment où se brade si bon marché la gloire de nos pères ?

Une fois de plus, ce pape ne va guère dans le sens des idées courantes. Le public en a l'habitude. Mais derrière l'initiative de Jean-Paul II, n'y aurait-il pas des enjeux importants à ne pas manquer ?

Cette initiative de Jean-Paul II s'inscrit dans une démarche d'ensemble. Le Pape demande aux fidèles d'approfondir le mystère du Père après leur avoir demandé, les deux années précédentes, d'abord d'approfondir la connaissance de Jésus-Christ puis de réfléchir sur la présence et l'action de l'Esprit Saint dans le monde et dans la vie. Les trois années qui clôturent le deuxième millénaire sont ainsi

« équitablement » réparties entre les trois Personnes divines que reconnaît la foi chrétienne.

De ces trois Personnes divines le Père est celle qui fait le plus banalement partie du tableau lorsque les chrétiens parlent de Dieu. Mais cette disposition à identifier en Dieu un visage de père n'est pas particulière au christianisme. Déjà les païens avaient une certaine tendance à attribuer à leurs dieux un visage et des fonctions de type paternel. Chez les Romains, le grand Jupiter portait un nom qui signifie « Père du jour » ou « Père de la lumière ». C'est tout naturellement que les hommes ont recouru au mot père pour exprimer le sens qu'ils avaient d'une puissance s'exerçant sur eux. Ils attribuaient ainsi à leurs dieux quelque chose de la puissance tutélaire qui s'était exercée auprès d'eux dans leur enfance.

Ce fait n'avait pas échappé aux évêques du IVe siècle réunis en Concile dans la ville de Nicée en 325. Aussi s'étaient-ils très sérieusement posé la question de l'emploi du mot père quand il avait fallu retenir un mot apte à désigner la première des trois Personnes divines. Pour rédiger le premier article du symbole il fallait bien disposer d'un mot. Or, aux yeux de ces trois cents évêques venus de pays à peine sortis du paganisme, appeler Dieu du nom de Père comportait de très graves inconvénients. C'était donner matière à se représenter Dieu sous les traits que revêtent les pères de la terre, à la manière de certains cultes païens au même moment.

La formule du Symbole de Nicée que les chrétiens récitent commence par les mots : « Je crois en Dieu, le Père tout-puissant ». Si, finalement, le mot père a été retenu par les évêques réunis à Nicée, c'est uniquement parce que ce mot avait été employé par Jésus lui-même. Il était bien clair que ce mot ne devait être ni employé ni compris dans le sens que les hommes lui donnent dans leurs propos humains. Ce mot père, acccompagné de l'adjectif « tout-puissant », n'exprime la foi chrétienne que s'il est employé et compris au sens que Jésus lui a donné.

Cette considération, si on la prend en compte, permet de comprendre l'importance de ce qui est en jeu dans l'initiative prise par

Jean-Paul II. Approfondir le mystère du Père devrait faire prendre au sérieux le contenu de ce mot quand il est employé pour exprimer la foi chrétienne. Il faut sortir des simplismes qui peuplent la pensée de nos contemporains. Quand les fidèles de Jésus emploient le mot père pour parler de Dieu, ce mot devrait dire de leur part autre chose que le mot père quand il désigne tels ou tels pères de la terre : pères d'enfants ou pères de peuples, pères de la bombe ou pères de l'Europe et même Saints Pères.

Marcel Pagnol a publié ses souvenirs d'enfance dans le récit intitulé *La gloire de mon père*. Son livre correspond à une époque où la gloire des pères rayonnait sur leurs enfants en les éveillant à l'énigme de leur venue au monde. Dans la relation au père nous était révélé que « nul n'est à lui-même sa propre origine ». Du simple fait de leur existence, sans discours, nos pères nous initiaient au vrai sens de la vie : un don gratuit !

La société actuelle n'a que faire du sens de la vie. Ne l'intéresse que ce qui contribue à son bon fonctionnement. Depuis quelques générations elle demande aux pères d'y contribuer eux aussi. Pour cela elle attend d'eux qu'ils mettent leur gloire avant tout à inculquer à leur progéniture le sens de l'ordre.

Un demi-siècle de développement et de diversification de ce qu'on appelle « les forces de l'ordre » montre à quel point nos pères ont échoué dans le rôle de promoteurs du bon ordre que la société leur assignait. Cet échec leur a valu le ricanement de tous les histrions à la mode. La gloire de nos pères a sombré sous une marée de sarcasmes ridiculisant le père faible aussi bien que le père fouettard, le père inexistant aussi bien que le père castrateur, le père tyrannique aussi bien que le père capitulard.

Dans un monde où le mot père a été quasiment vidé des prestiges de son contenu originel, que signifie pour les chrétiens le fait d'appeler Dieu du nom de père ? Ce mot résonne-t-il des vibrations qu'il avait dans la voix de Jésus ? Que reste-t-il, dans ce mot, des contenus véhiculés aux premiers temps de la foi chrétienne ?

Approfondir le Mystère du Père en se posant ce genre de questions ne sera pas pour les baptisés un simple passe-temps. Cette démarche constitue un enjeu des plus importants non seulement pour l'Église elle-même mais aussi pour un monde où le mot père, bien souvent, ne signifie plus rien pour trop de gens.

Il n'est pas rare que des prêtres, pour parler du Père céleste, évoquent les images les plus touchantes de la tendresse paternelle, telles qu'on peut les admirer dans une vie. J'avais un jour eu recours à cette méthode en accumulant des traits de tendresse dont j'avais été le bénéficiaire ou le témoin. Je croyais avoir ainsi ouvert l'esprit de mes auditeurs au mystère du Dieu père. L'un d'entre eux, sitôt ma prédication terminée, demanda à me parler. Il m'expliqua comment, rejeté par son père dès sa naissance, le mot père n'évoquait guère pour lui que le souvenir des coups reçus...

Cette rencontre m'a fait comprendre à quel point je m'illusionnais. Ce n'est pas de se référer au contenu du mot père dans le langage des hommes qui permettra aux chrétiens de comprendre ce que signifie le mot père dans le langage de leur foi. Par contre, il n'est pas impossible qu'en approfondissant ce que signifie ce mot père dans le langage de leur foi chrétienne des hommes soient aidés à redonner son contenu au mot père, hélas ! si dévalorisé aujourd'hui dans le langage humain.

Pour cela, il est important de ne pas donner n'importe quelles significations au mot père quand il s'agit du Père de Jésus-Christ.

Les pages qui suivent ont pour but d'aider le lecteur à retrouver le sens que Jésus-Christ donnait à ce mot quand ce mot montait de son coeur à ses lèvres. Lui seul savait de qui il parlait quand il nous a invités à dire : « Notre Père... »

Cette initiation comportera plusieurs étapes.

Il va falloir d'abord admettre que connaître le Père n'est pas dans nos moyens. Il faudra aussi prendre conscience des risques d'illusion dont s'accompagnerait toute tentative d'y arriver par nous-même. Cette première étape s'impose comme démarche préalable.

Après quoi, éclairant notre expérience par la Parole de Dieu telle que nous la livrent les Écritures, nous pourrons nous interroger sur notre connaissance du Père et, autant que possible, l'approfondir. Ce sera l'objet d'une seconde étape répartie en trois démarches. Dans chacune de ces trois démarches nous scruterons un aspect de la révélation que Jésus nous fait de son Père :

- comme terme ultime de notre désir,
- comme lumière de notre intelligence,
- comme dynamisme de notre volonté.

L'itinéraire ainsi effectué nous permettra d'entreprendre une troisième étape pour comprendre la grâce que Dieu nous a faite quand il a « déterminé d'avance que nous serions pour lui des fils adoptifs par Jésus-Christ » (Ep 1, 5).

Première Étape

« NUL NE CONNAÎT LE PÈRE... »

Dans les énoncés de la foi chrétienne, l'emploi du mot Père se réfère à l'expérience vécue par Jésus-Christ. Les évêques rassemblés en Concile dans la ville de Nicée au début du IVe siècle l'ont fermement précisé. C'est là un principe fondamental. Tout propos au sujet de « Dieu le Père » doit en tenir compte. On ne peut donc pas comprendre ce que signifie le mot PÈRE tel qu'il est utilisé dans les énoncés où se dit la foi chrétienne si on ne se réfère pas à l'expérience vécue par Jésus-Christ. Ce serait discourir hors du sujet. En ce domaine, Jésus lui-même a mis les points sur les I. Il a dit : « Nul ne connaît le Père si ce n'est le Fils et celui à qui le Fils veut bien le révéler » (Lc 10, 21).

La formulation est catégorique.

Elle met l'homme en garde contre l'illusion que la connaissance du Père pourrait être le fruit de ses propres investigations. En effet, tout ce que nous pouvons faire en ce domaine se borne à nous mettre dans les dispositions voulues pour que cette « révélation » puisse nous être faite.

La première de ces dispositions consistera à nous tourner vers les Écritures.

Les Écritures témoignent de la démarche au long de laquelle Dieu s'est fait connaître par l'homme. En nous tournant vers elles, nous reconnaissons que notre aspiration à connaître le Père correspond à une initiative de Dieu. C'est Dieu qui, en son Fils Jésus-Christ, a voulu se faire connaître de nous comme Père. C'est Dieu qui, à travers la longue expérience vécue par Israël, a préparé le coeur des hommes à accueillir cette révélation.

Notre démarche comportera donc systématiquement une investigation de l'expérience biblique dans l'ensemble des Écritures. Mettre en oeuvre cette investigation est un préalable à consentir pour nous situer en vérité par rapport à la question : « Qui est le Père » ?

CHAPITRE I

SE SITUER EN VÉRITÉ

Dans l'Ancien Testament, les Écritures rendent compte de l'expérience vécue par le peuple d'Israël. Dans le Nouveau Testament, elles rendent compte de l'expérience vécue par Jésus-Christ lui-même. Chacune de ces deux expériences est porteuse de lumières qui lui sont propres. Il faut donc se référer aux deux si l'on veut entrer dans la « révélation » où nous est dit « qui est le Père ». Il serait illusoire de prétendre se cantonner dans ce que disent les textes rapportant l'expérience évangélique sans prendre en compte ce que disent les textes rapportant l'expérience biblique. Seule la référence aux Écritures prises comme un Tout nous permet de nous situer en vérité dans la démarche pour approcher le mystère du Père...

Vers l'idée d'un Dieu Père

Dans une réflexion sur ce qui touche à la connaissance du Père, prendre en compte l'expérience vécue par le peuple d'Israël a pour premier résultat de réduire à néant un préjugé fort courant. En matière de paternité de Dieu, la plupart des gens pensent que Dieu a été tenu pour Père depuis des temps immémoriaux. Ce préjugé est familier dans le monde des croyants. On le rencontre aussi dans le monde des incroyants en raison de l'idée qu'ils se font de ce que les croyants doivent nécessairement penser. L'approche des textes bibliques montre qu'il n'en a pas été ainsi aux origines de la foi chrétienne.

Dans les commencements de la révélation biblique Dieu n'est jamais appelé Père. Le Dieu dont parlent les Écritures ne se présente pas à l'homme comme étant un père. La Bible ne donne aucune prise à la vision freudienne selon laquelle il y aurait eu au commencement un père dont l'élimination conditionnait l'accomplissement de l'homme. Pour devenir lui-même, l'homme de la Bible n'a eu aucun père à mettre à mort. Le Dieu de la révélation biblique n'est pas père. Il est Dieu créateur[1]. Tout père, en engendrant, fait passer en ceux qu'il met au monde quelque chose de sa propre vie. Le Dieu de la Bible n'engendre pas les hommes. Contrairement à ce qui est raconté en d'innombrables récits mythiques des religions païennes, l'homme dont parle la Bible ne descend pas du ciel[2]. Il sort de la terre. Il émerge d'un univers que la puissance créatrice de l'unique Dieu a fait venir à l'existence à partir de rien[3].

Il est frappant de constater, tout au long des premiers chapitres de la Genèse, l'absence absolue de tout énoncé donnant à entendre qu'existerait entre Dieu et les hommes un rapport de filiation et de paternité. De même ensuite pour le rapport entre Dieu et son peuple élu[4]. Le Dieu qui a parlé à Abraham est le Dieu de l'Alliance. Il a donné à Abraham d'engendrer une descendance[5]. Mais il ne se prévaut jamais d'être l'ancêtre de ce peuple qu'il s'est choisi. Dieu d'Abraham, d'Isaac et de Jacob, il est le Dieu des pères ; il n'est pas le Dieu Père. En Égypte, pour annoncer aux Hébreux captifs la mission de libérateur dont il a été chargé, Moïse leur dira : « Le Dieu de vos pères s'est manifesté à moi »[6].

Il en sera de même tout au long des siècles où s'accomplissent les promesses faites par Dieu à Abraham. La conquête de la Terre Promise, l'aménagement du territoire, les victoires remportées sur les peuplades voisines, la construction du Temple de Jérusalem par le roi Salomon, le culte rendu à Dieu dans ce Temple, tous ces faits s'accompagnent de prières où s'exprime clairement la conscience religieuse du peuple élu[7]. Jamais ce peuple ne s'adresse à son Dieu en employant le mot Père. Dieu est Dieu. Quels que soient les attributs dont on le qualifie, jamais les termes utilisés ne sous-entendent une relation autre que celle de la créature à un Dieu créateur ou celle d'un « peuple élu » à un Dieu avec qui une Alliance a été conclue.

Un jour viendra où cette relation du peuple élu à son Dieu sera soumise à dure épreuve. Après le temps de gloire symbolisé par le nom du roi Salomon, Israël connaîtra les temps obscurs et tragiques du schisme, du tribut à payer, des invasions étrangères, de la déportation et de l'exil[8]. Une transformation s'effectue alors dans la manière dont le peuple élu exprime sa relation avec son Dieu. Dans les chapitres 63 et 64 du livre attribué au prophète Isaïe, les fils d'Israël, s'adressant à Dieu, lui disent à deux reprises : « C'est toi notre père... »[9]. Mais ce nom de Père donné à Dieu ne doit pas faire illusion. Il est venu sur les lèvres d'Israël comme expression du désarroi d'un peuple qui ne comprend plus rien à son propre destin. Devant l'effondrement de tout ce à quoi ils ont cru, ils voudraient, si l'on peut dire pouvoir se jeter dans des bras tutélaires. Mais le mot père, tel qu'ils l'emploient, n'énonce pas de leur part une conviction raisonnée. Il dit plutôt l'excès de leur désespoir.

On voit encore le mot père, utilisé sur la fin de l'expérience biblique dans quelques textes où s'exprime la relation personnelle du fils d'Israël à son Dieu. Dans le Livre de la Sagesse les méchants reprochent au juste de « se vanter d'avoir Dieu pour Père »[10]. De fait, certaines prières de l'époque qui précède immédiatement la venue de Jésus utilisent le mot père dans la démarche du juste qui s'adresse à Dieu. Il s'agit de prières à résonnance charismatique. Mais jamais dans ces prières le sens donné au mot « père » ne déborde les limites de la relation entre la créature et son créateur[11].

Cette période ultime de l'Ancien Testament voit le monde juif rendre à son Dieu un culte prestigieux dans un Temple magnifiquement reconstruit[12]. Le contenu de ce culte reste rigoureusement dans la logique des premiers temps de la révélation. On n'ignore pas que Dieu, parfois, a parlé d'Israël son peuple comme d'un « fils »[13]. On cite ces formules comme un titre de gloire. Mais leur utilisation ne donne le change à personne[14]. Dans la pensée commune, rigoureusement contrôlée par les Scribes et les Docteurs de la Loi, Dieu est Dieu. Il est le Créateur. Il est le Dieu de l'Alliance. Il est le Dieu des pères. Il n'est pas un Dieu-Père. Il ne peut absolument pas être appelé Père au vrai sens de ce mot. Tous les vivants lui doivent la vie. Mais prétendre être vivant de la vie qui est la sienne serait blasphème.

Ici éclate toute la nouveauté qui va s'exprimer en la personne de Jésus.

Une relation unique

Il est impossible de reprendre dans les évangiles toutes les situations et les paroles à travers lesquelles Jésus se prévaut, par rapport à Dieu, d'une relation de fils. L'exégèse récente a mis particulièrement en lumière la manière unique dont Jésus exprime cette relation à travers l'emploi du mot : « Abba !.. Père ! » [15]. En s'adressant ainsi à Dieu, Jésus innove radicalement. Autour de lui, cette façon de parler de Dieu et à Dieu étonne. De bonne heure, d'après Jean, elle vaut à Jésus l'incompréhension des auditeurs frottés de savoir théologique. Cette incompréhension se tournera un jour en aversion totale de la part des gardiens de l'orthodoxie. Ils verront en cet inconnu venu de Galilée un ignorant à qui ils reprocheront d'être blasphémateur et corrupteur du peuple[16]. Ils ont dit à Jésus qu'une telle prétention méritait la mort. Jésus a bien compris cette menace. Mais il s'est tenu à ce qu'il avait toujours affirmé de sa relation à Dieu. Il a continué à parler de Dieu et à Dieu en l'appelant « Mon Père » ! Il ne pouvait pas ne pas s'exprimer ainsi.

Certes, dans sa vie intérieure d'homme semblable en tout aux autres hommes, Jésus est une créature de Dieu. Comme n'importe quel autre fils des hommes il existe du fait de relations vécues dans le monde des humains : il se reçoit de Dieu à travers des ancêtres, à travers sa mère et à travers tous ceux dont la rencontre a contribué à le constituer en homme. Mais dans sa vie intérieure de Fils de Dieu, engendré par le Père de toute éternité, Jésus se reçoit directement de Dieu[17]. Dans l'unité de sa personne, sa vie intérieure de Fils de Dieu et sa vie intérieure de Fils de l'homme ne font qu'un. Lorsque le mot Père monte des profondeurs de cette unique vie intérieure de Jésus, ce mot dit simultanément la relation de Jésus au Dieu créateur de qui il se reçoit par la médiation des hommes et la relation de Jésus au Dieu Père de qui il se reçoit directement. Pour Jésus, la relation au Dieu créateur de son être humain ne fait qu'un avec la relation au Dieu Père par qui son être divin est engendré depuis toujours. Jésus est le seul être humain qui, s'adressant à Dieu, puisse dire « Père !.. » en vérité. Car il dit ce mot au sens où ce mot signifie la conscience de s'adresser à un être de qui on a reçu la vie dont cet être vit lui-même.

L'expérience intérieure d'où monte sur les lèvres de Jésus le mot « Abba !.. Père !.. » nous est donc inaccessible[18]. Cependant, parce que cette expérience est unifiée en une même personne, nous pouvons en scruter les manifestations dans les comportements, les paroles et les actes de cette personne qu'est Jésus. Or ces comportements, actes et paroles peuvent se résumer dans le fait que Jésus-Christ a vécu à fond ce que la vie lui donnait à vivre. Dans un monde difficile, marqué par l'occupation étrangère et les oppositions entre factions à l'intérieur même de son propre peuple, Jésus-Christ a vécu sa vie d'homme sans tricherie ni passe-droit[19]. Participant à la puissance divine en tant que Fils de Dieu, il n'a pas usé de cette puissance pour se faciliter son existence d'homme. L'homme, en lui, a intégralement acquiescé à sa condition d'homme. En raison de ce plein acquiescement, le mouvement par lequel Jésus se recevait du Père en tant qu'homme ne faisait qu'un avec le mouvement par lequel il se recevait du Père en son être de Fils de Dieu. C'est cet unique mouvement qui était dit dans le mot « Abba !.. Père !.. »

Dans son entretien avec la femme samaritaine, Jésus parle des « adorateurs que veut le Père »[20]. Ces « vrais adorateurs adoreront le Père en esprit et en vérité ». Dans ce propos, Jésus invite ses frères humains à se recevoir de Dieu comme il se reçoit lui-même de Dieu, en tant qu'il est un homme. Cette démarche d'adoration s'exprime bien sûr dans la prière. Mais elle trouve son lieu et son mode d'expression permanente dans les relations de la vie quotidienne. « Adorer le Père en esprit et en vérité » ne consiste ni à élucubrer des spéculations abstraites ni à rédiger les prières les mieux pensées. « Adorer le Père en esprit et en vérité » c'est se recevoir de Dieu en acquiesçant aux relations par lesquelles on est entré dans l'existence et par lesquelles on y subsiste. De la part de Jésus, le mouvement de cette adoration s'effectue dans sa pratique quotidienne de Fils de l'Homme né d'une femme au cours du temps, dans le monde des hommes. Mais il ne fait qu'un avec sa vie intérieure de Fils de Dieu, né de Dieu en une naissance éternelle. Jésus vit l'adoration en esprit et en vérité voulue par le Père en vivant à fond le concret de ce qui lui est donné à vivre. Il nous donne ainsi à voir sous mode humain le mouvement de la relation filiale qui l'unit à Dieu son Père dans le mystère de son être divin.

C'est dans ce mouvement d'adoration monté de sa vie intérieure la plus profonde que Jésus-Christ cherche à nous entrainer quand il nous dit : « Viens, suis-moi ! »[21]. Le suivre, c'est nous laisser saisir[22] dans ce mouvement qui, en sa personne, est à la fois divin et humain. L'on expérimente quelque chose de la composante divine de ce mouvement dans la mesure où soi-même on vit à fond l'acquiescement à sa propre existence humaine. De la part d'un individu, cet acquiescement réalise ce que la psychanalyse appelle le « Oui ! à la naissance ». Pour un être humain, dire « Oui ! » à sa propre naissance c'est dire « Oui ! » à l'espace et au temps de sa venue au monde... C'est dire « Oui ! » à son ascendance et à son passé... C'est dire « Oui ! » aux diverses relations dans lesquelles, par le jeu de la vie et de l'histoire, on est advenu et on continue d'advenir comme être humain... En tant qu'homme Jésus n'a suivi que ce chemin. L'homme en lui a connu et adoré le Père dans le déploiement même des relations qui l'ont constitué en sa vérité de Fils de l'homme au long de sa démarche de « retour au Père »[23]. En le suivant sur ce chemin, on a des chances d'apprendre de lui « qui est le Père ».

Sur ce chemin, Jésus révèle surtout sa relation au Père par la manière dont il vit sa relation aux hommes lors du « Oui ! » donné à sa passion et à sa mort[24]. Là il va au plus loin imaginable dans le « Oui ! » donné à sa vie d'homme telle qu'elle lui a été donnée à vivre. Il vit en sa pleine vérité un jeu de relations qu'il n'a pas sélectionnées à son seul avantage mais accueillies comme cadre de sa vie : Judas, Caïphe, Pilate, les hommes de la Palestine de son temps. Un jour ses relations avec ces gens-là tournent à sa mort. Il ne rompt aucune de ces relations. Il consent à en porter le poids. Et le Dieu de qui il s'est reçu par ces relations en tant qu'homme atteste qu'il est son Père en faisant éclater en lui sa vie de Fils de Dieu. Ceux qui avaient vécu jusque là avec Jésus avaient cru le connaître à travers leurs échanges avec lui. Mais la profondeur de son être était resté pour eux un secret[25]. Ils ne l'ont connu en sa pleine vérité qu'après sa résurrection. Auparavant, lorsqu'ils l'entendaient parler de Dieu son Père, ils comprenaient le mot Père en un sens large, de type piétiste, comme cela se faisait chez certains Juifs de l'époque. En se faisant reconnaître comme Fils de Dieu ressuscité par le Père, Jésus a commencé de nous introduire dans la révélation du Père.

« Qui m'a vu, a vu le Père... »[26].

Cette parole dite par Jésus à Philippe nous dit à la fois un chemin et une condition.

Philippe a demandé : « Montre-nous le Père !.. ». La réponse de Jésus nous dit le chemin. Pour voir le Père et savoir qui est le Père, il faut avoir vu Jésus. Mais cette réponse dit aussi une condition. On n'a pas vu Jésus parce qu'on l'a rencontré quelque part et qu'on a fixé ses traits. Voir Jésus n'est pas affaire de fonctionnement oculaire. Connaître la couleur de ses yeux ou la coupe de ses cheveux ne serait en ce domaine d'aucun apport. Les évangiles ne nous ont rien dit à ce sujet parce que la question n'est pas là[27]. Trop de chrétiens se posent la question des traits de celui qu'ils appellent Jésus. Certains se donnent une réponse en cultivant telle ou telle imagerie artistique ou sulpicienne. D'autres le font en se reconstituant « leur » Jésus de l'histoire. Les uns et les autres croient mieux le connaître à partir de l'image qu'ils s'en font : grand ou petit, philosophe ou imprécateur. Mais ce n'est pas à travers cette façon de voir Jésus qu'un être humain se donne des chances de voir le Père.

Voir Jésus de manière à voir aussi le Père exige qu'on se mette à sa suite comme il l'a souvent demandé. Marcher à la suite de Jésus, c'est tout simplement vivre à fond ce qui nous est donné à vivre. Seuls voient Jésus ceux et celles qui mettent leurs pas dans les siens. Jésus, dans l'itinéraire de son existence, a donné tout leur prix aux moindres aspects de la vie humaine qui lui était donnée à vivre. Le « Oui !.. » donné à leur propre existence par des humains quels qu'ils soient les met à la suite de Jésus. Même si le nom de Jésus leur est inconnu, leur démarche atteste qu'ils ont vu celui que ce nom désigne. Dans cette expérience qu'ils vivent, ils reçoivent mystérieusement et à leur mesure la révélation du Père. Eux aussi, comme tant d'autres qui ont voulu suivre Jésus, deviennent les « adorateurs en esprit et en vérité » voulus par le Père. Cela leur est donné. Ils reconnaissent que cela leur est donné dans le simple fait de consentir à vivre ce qui leur est donné à vivre. Ils sont divers les chemins où l'homme peut apprendre du Fils « qui est le Père ». Mais ces chemins sont toujours ceux de la condition humaine, telle qu'elle se donne à vivre par chacun et qu'elle a été vécue par Jésus-Christ.

Dans la condition humaine

Cette réflexion sur l'expérience vécue par Jésus-Christ nous met en présence des questions à se poser quand on envisage de scruter le mystère de la paternité de Dieu. Ces questions ne sont pas de l'ordre de quelque théorie. Elles relèvent de la pratique de la vie.

En Jésus-Christ, le Fils de l'homme s'est attesté Fils de Dieu à travers la manière dont il a intégralement vécu sa condition d'homme. Tout passe-droit en ce domaine aurait constitué une preuve du contraire. Avant de se révéler Fils de Dieu à partir de ce qu'il nous dit sur Dieu, Jésus se révèle Fils de Dieu à partir de ce que sa vie nous dit sur l'homme. Comme il l'a dit à Nicodème, il nous parle des choses de la terre[28]. Si nous le croyons en ce qu'il nous dit des choses de la terre, nous pourrons recevoir de lui le témoignage qu'il apporte au sujet des choses du ciel. Approfondir le Mystère du Père n'est donc pas d'abord affaire de psychologie, de philosophie, ou même de spéculation théologique. C'est affaire de foi. Le Père se révèle à tous ceux qui n'opposent pas à cette révélation les obstacles d'une suffisance qui prétend tout savoir d'avance. On reçoit cette révélation jour après jour, à travers l'expérience quotidienne d'une vie où, malgré tous les obstacles rencontrés, l'on continue de lutter pour ce qui est bien « parce qu'on y croit ».

Toutefois, cet accès à la connaissance du Père ne récompense pas des performances. C'est un don ! Jésus nous dit que ce don est fait par Dieu aux humbles et aux petits[29]. Il dit aussi que ce don ne peut pas être fait aux sages et aux prudents. L'opposition entre « humbles et petits » d'une part, « sages et prudents » de l'autre doit être bien comprise. Elle ne sépare pas les ignorants d'une part et les intellectuels de l'autre. Elle oppose les gens disponibles pour vivre ce qui leur est donné à vivre en y croyant et ces gens, souvent infatués de leur savoir, qui n'arrêtent pas de déclamer sur ce que la vie devrait être. Éventuellement, ils n'hésitent pas à faire la leçon à Dieu : « Si j'étais le Bon Dieu... ». Ces gens-là, même s'ils se disent croyants, n'auront jamais accès au mystère du Père. Leur illusion de sagesse et de prudence les rend incapables de participer en quoi que ce soit à l'expérience vécue par Jésus-Christ.

Le message des Écritures, aussi bien dans l'Ancien que dans le Nouveau Testament provoque ainsi ceux qui se disent croyants à se poser une question de fond : « Quel est ce Dieu en qui nous croyons ? » De nos jours, beaucoup de gens se disent croyants simplement parce qu'ils croient que Dieu existe. Cette manière d'être croyant n'a rien de commun avec la foi chrétienne. C'est la simple conviction intellectuelle du philosophe déiste ou théiste. La raison adhère à l'idée qu'existe un être suprême. Mais cette adhésion peut fort bien n'avoir aucun impact sur le concret des engagements de la vie. La foi chrétienne, c'est la foi dont Jésus-Christ a cru. C'est une foi qui a conduit Jésus-Christ à vivre en homme sa vie d'homme sans exiger de passe-droit au nom de sa dignité de Fils de Dieu. Voilà pourquoi l'auteur de l'épître aux Hébreux présente Jésus-Christ comme « celui qui marche à notre tête en matière de foi et qui nous montre jusqu'où cette foi doit aller »[30].

C'est dans sa passion et sa mort que Jésus nous montre jusqu'où notre foi doit aller. En ce domaine de la foi, la pratique de Jésus peut se décrire en une formule très simple. La foi, de sa part, a consisté à vivre ce qui lui était donné à vivre à partir de son appartenance au monde des hommes. Il a cru aux hommes ses frères de la foi dont il croyait en Dieu son Père. Ce qu'il nous révèle du Père, il nous le révèle à travers ce comportement. Mais nous n'entrons dans l'intelligence de ce comportement que dans la mesure où ce comportement devient le nôtre. Vivre cette expérience à la suite de Jésus oblige ceux qui se disent croyants à sortir des ambigüités liées à l'utilisation du verbe croire. Il faut se situer en vérité si l'on veut parler de Dieu en disant de lui qu'il est Père. Il est facile de parler d'un Dieu Père si ce Dieu, dans la relation qu'on entretient avec lui, est un Dieu qui ne nous pose jamais la question de nos relations avec les autres humains. Qui veut « connaître le Père » doit vivre ce qui lui est donné à vivre par ce Père, et cela, prioritairement dans le rapport au monde et à l'ensemble des hommes.

Vivre ce qui nous est donné à vivre ne s'oppose aucunement au fait de vivre en hommes libres qui font des choix. On choisit son conjoint, son métier, son parti politique... Mais on ne choisit pas ce que seront la santé du conjoint, les aléas du métier, les évolutions du parti. À quelques jours de distance nous pouvons faire l'expérience des pleurs de joie qui accueillent l'enfant nouveau-né et l'expérience des torrents de larmes, qui accompagnent à la tombe ce petit être porteur de tant d'espoirs. Ces choses-là ne se choisissent pas. Elles nous sont données à vivre. Et il s'agit de les vivre en croyant que de les vivre le mieux possible, c'est-à-dire librement, leur donne sens.

Dans le monde, des masses de gens font cela spontanément. Des hommes et des femmes élèvent et soignent leurs enfants, partent le matin au travail pour gagner leur vie et recommencent le lendemain, aiment sans façon en pensant que cela va de soi. Ils y croient ! Par leur existence, ces gens ne donnent matière ni à romans ni à vie de saint. On trouve ces gens sur tous les continents, dans les villes et à la campagne, dans les couvents et dans les HLM de banlieue, dans les plaines et dans la montagne, sur les terres riches et dans les déserts de sable ou de cailloux. Vivant sans manières ce qui leur est donné à vivre, ces gens, qu'ils le sachent ou non, sont des « adorateurs en esprit et en vérité ». Sans même s'en douter, ils suivent Jésus-Christ. Et de Jésus-Christ, ils apprennent qui est le Père. Parmi eux, beaucoup ignoreront toute leur vie qu'ils connaissent le Père. Mais ils vivent de cette connaissance qui leur a été mystérieusement révélée.

La femme chananéenne qui s'humilie à l'extrême pour obtenir la guérison de sa fille était de ces gens-là[31]. Jésus explique qu'il ne faut pas donner aux chiens le pain destiné aux enfants. Elle répond en se mettant elle-même au niveau des chiens pour obtenir la santé à sa fille. Jésus a salué sa foi. Elle ne prétendait sûrement pas avoir la connaissance du Père. Mais sa réponse au propos de Jésus montre qu'elle vivait de cette connaissance. Les tenants de la Loi qui reprochent à Jésus d'avoir guéri un paralytique le jour de sabbat s'imaginent connaître le Père. De fait ils savent beaucoup de choses sur Dieu. Mais ils ne connaissent pas le Père et Jésus le leur dit clairement « Vous ne connaissez ni moi, ni mon Père »[32]. Ne connaissant pas le Père, ces tenants de la loi ne vivent pas de sa connaissance. Mieux vaut, avec la chananéene, vivre de la connaissance du Père sans savoir qu'on le connaît que prétendre avoir cette connaissance à la manière des adversaires de Jésus et ne pas en vivre. Mieux vaut encore, bien sûr, connaître le Père et vivre de sa connaissance en sachant qu'on le connaît et qu'on en vit.

Dans la formulation du *Notre Père* telle que Matthieu nous l'a transmise, Jésus nous invite à dire ; « Notre Père qui êtes aux cieux... »[33]. La formule « votre Père qui est aux cieux » est une formule familière à Matthieu. Elle revient une dizaine de fois dans les chapitres 5, 6 et 7 de son évangile. Cette formulation marque le visage du Père d'un trait d'éloignement. Mais le même évangéliste, rappelle aussi comment Jésus nous invite à prier en nous retirant dans notre chambre. Il parle alors du Père « qui est là, dans le secret[34]. Eloignement et proximité, simultanément évoqués, nous invitent à accueillir ce qui nous est dit au sujet du Père dans la dimension du mystère. Cette dimension ne doit pas nous dérouter. Elle caractérise aussi nos existences d'hommes en ce qui nous est donné à vivre sur la terre. Souvent, surtout aux heures difficiles, il faut y croire pour continuer à lutter et à vivre quand on ne comprend pas. Pour nous aider à vivre dans la foi ce mystère de nos existences d'homme nous avons l'expérience dont témoignent les Écritures. La Bible et la vie sont deux paroles qui se conjuguent pour nous ouvrir à la révélation que Dieu a voulu nous faire de lui-même. Autant cette révélation nous ouvre au mystère des cieux, autant elle s'inscrit dans le secret de notre existence en ce qu'elle a de plus terrestre. L'accès au mystère du Père est lié pour chacun à la foi avec laquelle chacun s'applique à vivre le mystère de sa propre vie.

Arrêté comme chrétien et condamné à mort, Ignace, évêque d'Antioche à la fin du premier siècle, a été jeté sur un bateau en partance pour Rome. Il doit y être livré aux bêtes. À chaque escale, il voit venir à lui les chrétiens des villes où le bateau fait relâche. Un jour des visiteurs lui font part d'un projet d'intervention auprès de l'empereur de la part de chrétiens qui habitent à Rome, la capitale. On espère l'arracher à la mort. Ignace alors écrit aux chrétiens de Rome pour les dissuader d'entreprendre cette démarche[35]. Dans sa lettre il s'explique : « J'entends au dedans de moi le murmure d'une source. Elle me dit : Viens vers le Père ». En vivant à fond ce qui lui était donné à vivre comme chrétien en un temps de persécution, Ignace se savait à la suite de Jésus-Christ. En son coeur, la voix du Fils se faisait douce comme le murmure d'une source. C'était pour l'entrainer dans le « retour au Père ». Ainsi s'accomplit la parole dite par Jésus-Christ : « Nul ne connaît le Père si ce n'est le Fils et celui à qui le Fils veut bien le révéler ». La révélation du Père par le Fils nous rejoint en profondeur dans la mesure où nous prenons à coeur de vivre à fond notre vie humaine comme lui-même, en tant que Fils de l'homme, a pris à coeur de vivre à fond la sienne. Connaître le Père n'est pas une question de savoir qu'on s'adjuge. C'est une question de foi vécue dans le concret de l'existence. Quiconque veut connaître le Père doit se soumettre à cette exigence. C'est la condition indispensable pour se situer en vérité.

Notes
Se situer en vérité

1. Gn 1, 26.
2. Cf. Jn 3, 13.
3. Gn 1, 1 et 2, 7.
4. Gn 15, 18.
5. Gn 18, 10.
6. Ex 3, 16.
7. 1 R 8, 22-53.
8. 1 R 12 ; 2 R 15, 19-20 ; 17, 3-4 ; 18, 13-15 ; 23, 29-36 ; 24 et 25.
9. Is 63, 15-16 ; 64, 7.
10. Sg 2, 16 ; Tb 13, 14.
11. Voir *Le Dieu de Jésus* par J. Schlosser (Le Cerf/Lectio Divina,1987), p. 108-116.
12. Si 50.
13. Os 11, 1 ; Dt 8, 16.
14. Cf. Jn 8, 41.
15. Jn 17, 1 ; Lc 22, 42 ; on pourra se référer particulièrement aux travaux de J. Jérémias sur ce sujet (Le Cerf).
16. Jn 5, 18 ; 10, 31-32 ; Mt 27, 63.
17. Jn 6, 57.
18. Jn 1, 18 ; 6, 46.
19. Hé 2, 17.
20. Jn 4, 24.
21. Mc 1, 17 ; Lc 9, 59 ; Jn 21, 22.
22. Ph 3, 11.
23. Jn 17, 1 et 11 ; Ac 2, 33 ; Ph 2, 9.
24. Lc 22, 42 ; Hé 7, 27 ; Jn 12, 28.

25. Jn 14, 9.
26. Jn 12, 45 et 14, 9.
27. Cf. 2 Co 5, 16.
28. Jn 3, 12.
29. Lc 10, 21.
30. Hé 12, 1.
31. Mt 15, 21-28.
32. Jn 8, 19 et 54.
33. Mt 6, 9.
34. Mt 6, 6.
35. Ignace d'Antioche, *Lettre aux Romains,* VII, 2-3 ; Sources chrétiennes, Le Cerf.

Deuxième Étape

« QUI EST LE PÈRE ? »

Nous ne pouvons accueillir la révélation du Père qu'à travers notre expérience de la vie.

Toute expérience de la vie se fait dans les trois champs essentiels où se déploie l'existence humaine : l'économie, la culture et le politique.

En chacun de ces trois champs, l'existence des hommes se déploie comme réponse à une question qui leur est posée. Le champ de l'économie pose à l'homme la question du désir. Le champ de la culture lui pose la question de l'intelligence. Le champ du politique lui pose la question de la liberté.

Chacune de ces questions offre aux hommes une possibilité d'approcher le mystère du Père. Il suffit que les démarches pour répondre à la question du désir, de l'intelligence et de la liberté soient vécues « à la suite de Jésus-Christ ».

Nous prendrons ces trois questions l'une après l'autre. Pour chacune des trois, nous éclairerons la démarche à faire en recourant au témoignage des Écritures.

Chapitre II

DANS LES « JEUX DU DÉSIR »

L'anthropologue Georges-Hubert de Radkowski a publié en 1980 un ouvrage intitulé *Les jeux du désir*[1].

Salué par René Girard comme une oeuvre inaugurant l'ère des grands retournements ce livre comportait bon nombre de pages prophétiques. Il soulignait en particulier la nouveauté de la démarche des dissidents de l'Est. Malgré les internements successifs au Goulag et dans les asiles psychiatriques, des hommes aux mains nues s'obstinaient à exprimer face à un pouvoir totalitaire le vrai désir de leur coeur. Par cette obstination ils commençaient d'ébranler la fausse cohérence d'une société aliénée. Ces dissidents ont donné au monde soviétique les premiers coups de boutoir sous lesquels le colosse s'est effondré une décennie plus tard.

Parler des « Jeux du désir », c'est parler du mouvement intérieur qui, du plus profond de lui-même, soutient et dynamise l'homme en toutes ses entreprises.

L'entreprise première dans laquelle l'homme s'investit vise à pourvoir aux nécessités de l'existence. Il faut vivre ! C'est le problème de l'économie.

Pourtant, les « jeux du désir » ne se bornent pas à la recherche du « vivre et du couvert ». Par-delà ce qu'il fait pour assurer sa subsistance l'homme vise toujours un au-delà de ses besoins immédiats. Plus il se laisse instruire par la vie, plus sa visée le conduit à la vérité de son désir.

L'éveil du désir de Dieu

Dans l'expérience biblique, les « jeux du désir » ont débuté à partir des choses de la terre. C'est lentement et au long d'une expérience complexe que le désir, en Israël, a pris toute sa profondeur humaine.

L'éveil du désir coïncide en Israël avec les débuts de la relation entre Dieu et Abraham. À cet ancêtre du peuple élu, Dieu propose son Alliance. Dans cette proposition les promesses faites par Dieu représentent l'élément dynamisant. Dieu promet à Abraham un nom, une terre, une descendance[2]. Chacun de ces trois éléments correspond en effet au désir qui travaille le coeur de cet homme. N'est-il pas un individu inconnu, un nomade sans terre où s'installer, un homme sans enfant à qui transmettre un jour le fruit de ses peines ? Abraham accepte la proposition parce qu'elle correspond à tous les manques dont il est affligé.

De fait, tout ce qu'Abraham avait pu désirer devient petit à petit le lot du peuple né de lui. Après des débuts un peu lents, ce peuple se multiplie[3]. Sorti d'Egypte, il entre en possession de la terre promise à son ancêtre[4]. Un jour, maître de ses frontières, il acquiert avec ses rois un nom prestigieux[5]. Tout ce dont les patriarches et leur descendance avaient rêvé au long des neuf premiers siècles de l'expérience biblique leur a été donné. Les voilà installés dans la possession tranquille des choses. Apparemment, ils n'ont plus rien à désirer. Mais est-ce là une situation favorable à leur avancée en humanité ? Le fait est que le prophète Sophonie leur reproche à ce moment-là d'être « une nation sans désir »[6].

Or voici que surviennent les épreuves du Schisme, de la déportation et de l'exil. Privés du prestige que leur conférait la gloire de leurs rois[7], dépouillés de la terre à laquelle ils avaient donné leur nom[8], menacés d'extermination en des pays où ils sont traités en étrangers[9], les fils d'Israël s'interrogent. Comment tous ces biens que Dieu leur avait promis et donnés ont-ils pu leur être enlevés ? Le Dieu qui avait été assez puissant pour les leur donner aurait-il été un Dieu incapable d'empêcher qu'on les en dépouille[10] ? En amenant le peuple élu à se poser de telles questions, les événements dramatiques de son histoire vont le conduire à se poser une question bien plus radicale : celle de l'élan intérieur qui travaille l'homme au plus profond de son être.

Dieu lui-même, par ses prophètes, provoque les fils d'Israël à ne pas traiter superficiellement cette question : « Mes pensées ne sont pas vos pensées ; mes voies ne sont pas vos voies... »[11]. Soutenue par cette parole, la conscience religieuse du peuple élu s'éveille à des pensées et à des voies plus hautes. On commence de comprendre, en Israël, que le coeur de l'homme est trop vaste pour que des choses, même les plus précieuses, puissent le combler. Le désir de l'homme c'est la vie[12]. Mais est-ce en accumulant, en conservant et au besoin en récupérant les choses possédées que l'homme est rendu vraiment vivant ? La réponse juste à la question ainsi posée ne sera pas donnée à Israël par quelque théoricien. Elle sera le fruit d'une longue expérience. Les neuf siècles qui ont suivi le démembrement puis l'effondrement du royaume de Salomon ont été la période féconde où Israël, petit à petit, a découvert que les choses, même données par Dieu, ne sont pas la vie dont le coeur de l'homme porte en lui le désir[13].

L'expérience biblique aboutit ainsi à une prise de conscience par laquelle l'homme, en Israël, rejoint son propre désir à son niveau le plus profond. Le désir de l'homme ne peut pas se satisfaire de l'acquisition et de l'accumulation des choses même les plus désirables. Les choses sont un soutien de la vie. Elles ne sont pas la vie. Détenir toutes les choses désirables sur la terre ne suffirait pas pour maintenir en vie un être humain dont la vie n'aurait pas de sens. Le sens ne vient pas des choses. Il vient du rôle que jouent les choses dans l'établissement et l'approfondissement des relations par lesquelles des partenaires d'existence se font réciproquement vivre. Pour vivre d'une vraie vie, l'homme ne peut pas se contenter d'avoir des biens.

Le contenu des promesses faites par Dieu à Abraham commence ainsi à devenir pour Israël matière à interrogation. Le nom prestigieux, la terre possédée en propre, la descendance innombrable sont pour Israël les biens les plus précieux. Mais ces biens suffisent-ils à faire du fils d'Israël un vrai vivant ? À ces biens que Dieu peut promettre et donner, l'homme ne devrait-il pas préférer la relation au Dieu Vivant qui les promet et qui les donne ? Israël cherche la réponse à cette question en lisant dans ses propres Écritures l'expérience du passé. Tout ce passé lui montre que les choses peuvent dépraver le coeur de l'homme. Ce sont elles qui ont suscité au coeur des ancêtres l'envie, la jalousie, la convoitise et même l'oubli de Dieu[14]. Les promesses faites à Abraham prennent un contenu nouveau. Israël s'ouvre à un sens de la promesse où ce ne sont plus les choses promises qui comptent mais la relation que les choses rendent possible entre l'homme et Dieu : « Tu me connaîtras !.. » leur dit le Seigneur. « Vous saurez qui je suis !.. »[15]. La perte des choses possédées avec tant de bonheur à l'époque de Salomon cesse d'être une catastrophe pour les fils d'Israël. Cette perte leur a révélé où va l'élan de leur propre coeur. Ils ont découvert le bien le plus désirable entre tous : la connaissance du Seigneur[16] !

Par-delà la perte des choses, Israël s'est ainsi ouvert au désir de Celui que les choses signifient. « Ton nom et la mémoire de toi sont le désir de l'âme. Mon âme te désire la nuit... »[17]. Israël est arrivé au terme du chemin conduisant l'homme à la perception de son vrai désir. Seuls peuvent être objets de ce vrai désir le vrai Nom, la vraie Terre, la vraie Descendance promises. Est-il digne de Dieu de donner à l'homme autre chose que son propre Nom, son propre Royaume, sa propre Descendance ? Seule une promesse digne de Dieu pouvait être accueillie par l'homme comme digne de l'homme. Maintenant, le coeur des fils d'Israël se dilate aux dimensions de l'univers entier. L'instinct de quant-à-soi et de monopole fait place au goût pour la communication et les échanges. Les autres nations cessent d'être pour le peuple élu une humanité étrangère à l'Alliance avec Dieu.

Israël consent même à devenir, sous la conduite de l'Esprit, le serviteur par qui cette Alliance leur sera ouverte[18]. Puisque Dieu désire le salut de toutes les nations, Israël désire ce salut lui aussi[19]. Le peuple élu, délivré de l'enfermement sur lui-même, devient le peuple qui désire ce que désire Dieu [20].

Dans ce peuple pour qui Dieu est le Dieu Vivant, le désir de la vie va s'exprimer désormais en adhésion au dessein de Dieu. Il peut se faire que les desseins de Dieu paraissent déroutants. On y adhère cependant. « Les jugements du Seigneur sont droits, dit un Psaume, plus désirables que l'or, que l'or le plus fin... »[21]. Quelles que soient les situations à vivre, le Dieu qui préside aux mouvements du monde est le Dieu Vivant. Devenus le peuple qui désire ce que Dieu désire, les fils d'Israël seront le peuple qui désire pour les autres peuples le salut que Dieu veut pour eux. Israël avait depuis longtemps pressenti l'existence en Dieu d'un mouvement mystérieux proche de ce que l'homme ressent dans le mouvement de ses propres entrailles. Le psaume 103 traduit bien cette perception. En Israël, le désir de ce que Dieu désire se traduit en pressentiment d'une relation vitale à accueillir par l'homme de la part de Dieu. Il s'agit d'une relation où Dieu éduque l'homme comme le ferait un père[22]. Que désire un vrai père pour son enfant ? N'est-ce pas la vie que cet enfant, même obscurément, désire déjà lui-même ?

Le désir que tous aient la vie

Dans l'une de ses affirmations les plus instamment répétées, Jésus dit qu'il est venu pour que tous aient la vie. Il le dit en soulignant qu'en cela, il fait la volonté de son Père : « Comme le Père dispose de la vie, ainsi a-t-il donné au Fils d'en disposer lui aussi... »[23].

Cette affirmation prend corps en quelque sorte dans le comportement de Jésus dès les premières étapes de sa vie publique. Pour que tous aient la vie, il guérit maladies et langueurs[24]. Du coup, ceux que des tourments affligent viennent à lui. Avec le fils de la veuve de Naïm, avec la fille d'un chef de synagogue, avec son propre ami

Lazare Jésus manifeste au plus haut point sa mission de faire que « tous aient la vie »[25] : il rend la vie aux morts ! Mais le signe le plus banal du service de la vie consiste à donner la nourriture à qui a faim. Pour nourrir les foules qui ont faim, Jésus multiplie donc le pain[26]. En tous ces miracles, Jésus apporte à des hommes ce que ces hommes attendent pour se garder en vie ou, s'ils souffrent de quelque infirmité, pour récupérer une vie en pleine santé. Mais toutes ces bonnes choses que Jésus donne aux hommes par ses miracles au bénéfice de la vie ne sont pas la vie.

Si Jésus avait continué ainsi de donner aux hommes des choses, sa conduite aurait pu les enfermer dans le contentement de voir satisfaits leurs besoins et même leurs convoitises. C'est le sens des propos que Jésus a tenus dans la synagogue de Capharnaüm au lendemain d'une multiplication des pains[27]. Des gens en foule viennent à lui. La veille, ils ont mangé du pain à satiété. Jésus les invite à travailler pour une nourriture qui puisse leur donner la vraie vie. Ses interlocuteurs évoquent la manne que Moïse, pour satisfaire à la réclamation des Hébreux affamés, leur avait obtenue de Dieu dans le désert. Pour en parler, ils empruntent au psaume 78 l'expression « pain venu du ciel ». Jésus alors leur parle du vrai « pain venu du ciel ». Seul son Père peut donner aux hommes ce pain-là. C'est le « pain de Dieu ». Il fait vivre d'une vie sur laquelle la mort elle-même n'a pas prise. Les interlocuteurs de Jésus lui demandent donc : « Donne-nous toujours de ce pain-là !.. »[28]. Lui leur répond : « Je suis le pain vivant, descendu du ciel ».

Dans cet épisode où il se présente comme « pain de vie » donné par le Père Jésus ouvre ses interlocuteurs à la révélation du Père. Il les oblige à s'interroger sur leur propre désir. Pour connaître son vrai désir, l'homme doit être allé assez à fond dans son propre coeur. Celui qui attend de Dieu uniquement des choses verra en Dieu un distributeur de biens. Prisonnier de ses besoins il restera enfermé dans une relation à Dieu faite de dépendance matérielle. Les cultures dites primitives, où une divinité est tenue pour divinité ancestrale, traduisent et parfois favorisent l'enfermement de l'homme dans cette mentalité. Il a fallu la révélation chrétienne pour éveiller en l'homme le sens d'une relation à Dieu où Dieu a cessé d'être considéré comme le suprême pourvoyeur en biens terrestres. Du Dieu que Jésus-Christ révèle, l'homme ne doit pas attendre le pain qu'il peut se procurer lui-même par sa recherche et son travail. Mais c'est de Dieu qu'il doit attendre le seul pain qui donne une vie sur laquelle la mort elle-même n'aura pas prise.

La promesse du Pain de Vie prépare les hommes à la révélation du Père en les amenant à se rejoindre eux-mêmes dans la profondeur de leur désir. Ce Dieu dont parle Jésus-Christ n'est pas un Dieu qui donne des choses. C'est un Dieu qui donne la vie. Mais il ne se satisfait pas de donner la vie. Il veut donner sa propre vie. Créateur, il se veut Père. Il appelle chaque être humain à naître au bonheur d'une vie que l'Esprit fera jaillir du tréfonds de lui-même. L'homme qui n'attend de Dieu que des choses se ferme à l'expérience qu'apporte ce jaillissement intérieur. Remplir à fond ses poumons de l'air le plus pur en arrivant sur un haut sommet apporte à l'alpiniste une incomparable joie de vivre. Mais cette joie n'est qu'une image de la joie de vivre apportée à l'homme par le jaillissement de la vie en ses propres profondeurs. Qui ignore cette joie ignore en fait vers quoi le porte son vrai désir. Il s'accrochera à des ombres faute d'avoir goûté au bonheur d'être saisi dans le courant immense de la vraie vie. Seule l'expérience de ce bonheur révèle à l'homme que son vrai désir s'accomplit. Ce bonheur atteste l'entrée dans la connaissance du Père. Nul ne se donne à soi-même ce bonheur. C'est un bonheur de vivre, fruit de la rencontre de deux désirs. Peut savourer ce fruit tout être humain qui en est venu à désirer ce que désire le Père.

La veille de sa mort, en se mettant à table, Jésus a tenu un propos dans lequel se révélait l'expérience de ce bonheur. Il a dit : « J'ai désiré de désir manger cette Pâque avec vous avant de souffrir »[29]. Jésus parle de son désir de manger la Pâque pour laquelle il vient de prendre place à table. Il ne désire pas la manger par faim des aliments qui vont être servis. Lui-même le précise. Sitôt après avoir parlé de son désir, il ajoute qu'il ne boira pas et qu'il ne mangera pas[30]. Jésus exprime ici son désir en faisant bien comprendre que dans ce désir n'entrent aucune des résonnances du manque ou du besoin. À la table où il s'est assis, il va être convive, homme de relations. Il n'y sera pas consommateur. Mais il dit vrai en affirmant qu'il a désiré de désir la manger. Par cette Pâque s'accomplira son désir qui est de voir s'accomplir le désir du Père puisque cette Pâque donnera vie à tous les humains sans distinction.

Dans ce moment crucial, Jésus est seul à savoir le menu de cette Pâque qu'il a désiré de désir manger avec les siens. Il ne s'agit pas des aliments que vont consommer ses disciples. Il a désiré de désir manger la Pâque de sa passion. Il sait que lui seront servis « le pain de misère » de notre souffrance et « la coupe amère » de notre déchéance. Malgré l'angoisse qu'il a plusieurs fois éprouvée en ses profondeurs humaines à la pensée de cette douloureuse issue, Jésus a désiré de désir vivre à fond ce que cette issue lui donnera à souffrir. Il ne désire pas cette passion et cette mort par masochisme morbide. Il les désire parce que cette passion et cette mort sont le chemin sur lequel il doit entrainer l'humanité pour que l'humanité soit arrachée à la mort. Il se met en tête de la masse humaine en besoin de salut[31]. Il désire de désir ce salut que les hommes désirent depuis toujours obscurément et que le Père désire pour eux depuis avant le commencement des temps. À ceux qui le suivent dans ce déploiement de son désir, le Fils révèle en actes « qui est le Père ».

Jésus nous révèle « qui est le Père » à travers les actes d'une passion où il participe à fond au désir du Dieu qui désire communiquer à l'humanité tout entière la vie que cette humanité désire depuis toujours obscurément. Il nous fait voir en Dieu non seulement le Dieu créateur et le Dieu de l'Alliance mais aussi et surtout le Dieu qui brûle du désir de communiquer sa propre vie. Cette révélation du Père à travers le déploiement du désir nous est faite par Jésus-Christ très particulièrement dans la démarche où il institue l'eucharistie. Là, conduit par l'Esprit Saint, il ratifie d'avance l'événement qui se consommera pour lui quand il perdra sa vie librement sur la croix pour que tous aient la vie[32]. Dans cet événement, il devient le « pain de vie » annoncé à ceux qui attendaient d'abord de lui qu'il multiplie pour eux la nourriture terrestre. Dans cette démarche où il devient nourriture de vie pour les hommes, Jésus épouse à fond le dessein où s'exprime le désir de son Père. Le désir de son Père, c'est que tous aient la vie et qu'ils l'aient en abondance. La démarche où Jésus se livre pour que tous aient la vie nous donne à voir le Père lui-même sous les traits de cet homme né de Marie. « Qui me voit voit le Père !.. ». Le Père que « personne n'a jamais vu » est rendu visible à travers le comportement de Jésus-Christ[33]. Connaître le Père demande qu'on entre dans le désir constitutif en quelque sorte de la personne du Père : le désir de donner la vie. Mais on n'entre dans ce désir qu'à la suite de Jésus-Christ. Il faut pour cela avoir éprouvé avec lui ce qu'il en coûte de « désirer de désir » ce Salut de tous que désire le Père. Sur la fin de l'expérience biblique, les fils d'Israël avaient pressenti l'importance de cette rencontre entre le désir de l'homme qui veut vivre et le désir de Dieu qui veut donner la vie. « Mon âme se consume à désirer tes jugements... » dit un psalmiste[34]. Les fils d'Israël ne savaient pas encore que le désir de Dieu n'est pas seulement de donner la vie mais de donner sa propre vie. Seul le Fils pouvait révéler ce secret, radicalement intérieur au mystère de Dieu.

L'expérience de la vie avait conduit les fils d'Israël à comprendre que l'homme, pour avancer sur un chemin conduisant vers plus de vie, doit désirer de tout son coeur ce que Dieu désire. Il leur fallait encore apprendre que Dieu désire la vie pour tous Ainsi les « jeux du désir » s'accomplissent dans le mystère de nos relations entre humains à l'image et ressemblance de ce qui se passe dans le mystère des relations de vie entre les personnes divines. De cet accomplissement, Jésus-Christ a vécu l'expérience en donnant sa vie pour tous les hommes dans une Pâque désirée de désir. Il nous entraine dans la participation à cette expérience en nous disant : « Viens, suis-moi !.. ». Par ces mots, il nous provoque à faire avec lui notre « retour au Père »[35]. Connaîtront le Père ceux qui, par cette marche à la suite de Jésus-Christ, auront accédé à la pureté de leur désir. Cette pureté se réalise en ceux qui s'ouvrent au désir de ce que désirent les autres, depuis le moindre des frères humains jusqu'à Dieu. Dans une merveilleuse mutation, l'homme qui, en nous, était uniquement

« corps de besoins » se transfigure en « corps de désir ». L'itinéraire suivi par Jésus-Christ nous dit les conditions requises pour que s'effectue cette transfiguration. L'apôtre Paul a résumé cet itinéraire dans son épître aux Galates. S'il veut suivre le Christ, l'homme doit clouer passions et convoitises sur l'arbre de la croix[36]. Qui en est là aura appris du Fils « qui est le Père ».

Désir de la vie et connaissance du Père

Le mot désir est aujourd'hui l'un des plus à la mode. Mais en quel sens ce mot est-il habituellement entendu ? Peut-on penser que pour l'homme contemporain l'expérience du désir soit un chemin vers la connaissance du Père ?

Pour que le désir devienne chemin vers la connaissance du Père, il faut que l'expérience du désir aille de pair en l'homme avec l'éveil à ses propres profondeurs. Or cet éveil ne peut s'effectuer qu'avec le temps. Dans cet éveil, l'étape primordiale n'est pas l'expérience du désir. C'est l'expérience du manque et du besoin. L'expérience du manque tourne instinctivement les lèvres du nouveau-né vers le sein maternel. La même expérience lui fera tendre ses bras vers son père pour franchir le passage difficile que représente pour ses petites jambes la bordure d'un trottoir. Il en ira de même à des niveaux de plus en plus élevés, au long de l'adolescence et des premiers temps de l'âge adulte. On dit qu'on désire telle ou telle chose. La plupart du temps, il serait plus exact de dire que telle ou telle chose nous manque.

Cette expérience du manque produit son fruit en mobilisant les énergies de l'être humain au fur et à mesure qu'il lui incombe de pourvoir par lui-même à ses besoins. Dans ce déploiement de ses énergies, l'homme grandit. Il conquiert ou acquiert les choses nécessaires à sa vie. Il fait aussi l'expérience de ses limites. Il apprend qu'il est des choses qu'il ne pourra pas se donner à lui-même parce qu'elles dépassent les moyens dont il dispose. Normalement, cette expérience doit amener l'homme à s'associer à d'autres hommes pour obtenir, dans un effort commun, ce qui n'est pas accessible à un homme seul. Mais il arrive aussi que cette expérience des limites ait pour effet de tourner le regard des hommes vers le ciel comme les lèvres du petit enfant se tournaient spontanément vers le sein de sa mère et comme ses bras se levaient vers les mains de son père. L'homme s'expose alors à faire de Dieu le « mécanisme » qui doit subvenir aux manques inhérents à la condition humaine. Ce n'est pas sur de tels chemins que l'homme peut recevoir la révélation du Père.

L'expérience du manque ne devient lieu d'éveil du désir que lorsque, petit à petit, la signification des choses prend pour l'homme plus d'importance que les choses elles-mêmes. Les choses prennent leur signification à l'occasion des relations qu'elles ont permis de nouer avec d'autres humains. Le sein où l'enfant se gorgeait de lait prend moins d'importance que le visage de sa mère. Les bras qui le soulevaient ont moins d'importance que la fatigue perçue chez le père rentrant du travail. Du besoin, souvent source de convoitise, l'être humain passe petit à petit à l'éveil du désir. Le bonheur trouvé dans la joie donnée à l'autre par un sourire ou un menu service atteste que ce passage est en cours. Les vrais élans du désir montent de cette expérience où l'être humain, se libèrant de la tyrannie des choses, accède à la découverte de leur sens.

La relation de l'homme à Dieu prend sa vraie consistance par l'accès à cette même expérience. Il faut que l'homme s'arrache à la convoitise pour les choses et reconnaisse en Dieu leur origine sans pour autant réduire Dieu à la condition de simple pourvoyeur. La vie à vivre prend alors du sens par elle-même et non en vertu des biens dont on y jouit. Elle devient le lieu d'une parole échangée avec d'autres et très particulièrement avec cet Autre qui est à l'origine de tous les biens. Le bonheur trouvé dans cet échange de parole prend plus d'importance que les biens qu'on y demande ou dont on y rend grâce. L'être humain en vient à désirer Dieu lui-même, non en raison des biens que Dieu lui donne mais en raison de ce bonheur dont il fait l'expérience. Cependant, ce désir de Dieu ne comporte pas encore en lui-même la prise de conscience que Dieu est Père.

Cette prise de conscience s'effectue lorsque le désir de Dieu, en nous, accède à son plein accomplissement en devenant désir de ce que Dieu désire. Comme pour Israël à qui il a fait désirer le salut des nations, l'Esprit Saint opère en nous cet accomplissement du désir. Il nous fait entrer en participation au désir du Fils qui, de tout son être de Fils, désire ce que désire le Père. Dans cette participation au désir du Fils on expérimente ce que c'est que de naître avec lui de sa naissance éternelle. Là on prend conscience que Dieur est Père. Avec le Fils, sous la motion de l'Esprit, on dit en toute vérité : « Abba !... Père !... »

Une telle prise de conscience relève du mystère de la vie la plus intérieure de chacun. Mais elle s'effectue à partir des situations que chacun vit dans son existence la plus concrète. C'est dans la vie de tous les jours que nous sommes appelés à cet accomplissement du désir où l'homme en vient à désirer ce que Dieu désire. Au minimum il faut en venir à désirer la vie pour les autres comme on la désire pour soi. Mais il pourra se faire qu'on ait à payer au prix fort cette vie que l'on désire pour d'autres. Les occasions où la vie d'autrui doit se payer à un tel prix ne se présentent pas seulement dans le cadre de situations dramatiques. Elles constituent la trame de la vie de tous les jours dans l'existence d'une famille par rapport aux tout-petits. Elle devrait constituer la trame banale des rapports entre les groupes humains dans le cadre de la mondialisation. En rabattre de leur confort pour que des peuples moins favorisés ne soient pas réduits à la famine serait pour les pays riches une certaine mort. Mais cette mort les ferait grandir en humanité par la rencontre de deux désirs. C'est à prendre en compte toutes les occasions de désirer la vie pour autrui, fallut-il payer cette vie d'une certaine mort, que Jésus-Christ entraine les hommes. C'est le sens de la démarche où son désir du salut de tous le conduit à donner sa propre vie pour que tous aient la vie. Il nous révèle le Père en payant le prix voulu pour que tous puissent naître à la vie que le Père veut leur donner. Bénéficient de cette révélation ceux qui le suivent sur ce chemin

Bien des gens accèdent ainsi à la connaissance du Père sans même le savoir. Ils ont suivi Jésus-Christ en désirant de tout leur désir la vie désirée par un conjoint, un enfant, un ami... par un infirme, un étranger, un sans-travail, un sans-domicile ou un sans-papiers... Le désir de la vie pour autrui les a fait consentir à des morts qui n'étaient pas une mort physique mais qui n'en étaient pas moins des morts réelles : la mort à telle liberté, à telle facilité, à telle tranquillité dont ils auraient pu jouir au lieu de se donner tant de mal. En vivant ces morts, ils sont nés avec Jésus-Christ à la connaissance du Père. L'Esprit fait jaillir du tréfonds de leur coeur la plus pure joie de vivre. Ils savent qu'ils sont dans le vrai même si des gens intelligents et compétents affirment le contraire. La joie qu'ils savourent ne monte pas d'ailleurs que de leurs propres profondeurs. La révélation du mystère du Père qui leur a été faite ne les transforme pas en adhérents de telle ou telle confession religieuse. Mais elle fait d'eux de vrais disciples de Jésus-Christ. Ils se sont laissé instruire par lui dans le concret de ce qu'ils ont eu à vivre. C'est de lui qu'ils ont appris « qui est le Père ».

L'expérience de la vie peut ainsi devenir pour n'importe qui le lieu de la « révélation du Père ». On y apprend à connaître le Père dans la mesure où cette expérience se concrétise en attitudes, paroles et démarches où l'on désire pour un autre la vie que cet autre désire lui-même. On entre ainsi mystérieusement dans les relations qui se vivent dans le mystère de Dieu où le Père désire en plénitude pour son Fils la vie que ce Fils désire lui-même pour le Père comme plénitude de son être de Père. « Que ta volonté soit faite... » nous fait dire Jésus dans la prière qu'il nous a enseignée. Ces paroles, si elles sont dites en vérité, signifient que nous désirons ce que désire le Père. En y ajoutant les mots « Donne-nous aujourd'hui notre pain quotidien », Jésus nous fait exprimer le désir des biens de la terre dont nous avons encore besoin. Désirer ce que désire le Père ne nous empêche nullement de demander au Père ce dont nous avons besoin, pour nous-même et pour toute l'humanité. Mais ce pain quotidien que Jésus nous fait demander n'est pas seulement la nourriture qui refait les forces du corps. C'est aussi et surtout cette nourriture que les humains deviennent les uns pour les autres et par laquelle ils se font mutuellement exister quand ils vivent des relations où chacun, de tout son être, désire la vie pour l'autre.

Il n'est de désir vrai au coeur d'un homme que lorsque cet homme en est venu à désirer ce que l'autre désire. L'autre, pour lui, pourra être le conjoint ou l'enfant. L'autre pourra être un sans domicile ou un sans-papiers. Ce désir de l'autre ne doit pas être confondu avec ce dont l'autre a besoin. Souvent il faut d'abord répondre à des besoins. Mais il faut aussi avoir ensuite le courage de ne plus y répondre pour que le vrai désir s'éveille en celui qu'on a aidé. Le vrai désir, en chacun, reste obscur pour lui-même et, à plus forte raison, pour autrui, parfois pendant longtemps. En nous faisant dire au Père : « Que ta volonté soit faite... » Jésus nous met en route sur le chemin où l'homme, petit à petit, découvre la vérité de son propre désir. Notre désir est désir de vie. Mais ce désir de vie n'atteint à sa pleine vérité qu'en devenant désir de vie pour tous autant que pour soi-même. Alors le désir en nous rejoint la volonté du Père dont tout l'être divin frémit du désir de faire naître les hommes à sa propre vie. La volonté du Père se fait par ceux et celles en qui le désir vibre à ce frémissement. Ces gens-là se rencontrent en tous lieux et milieux. C'est en des situations inimaginablement diverses que des hommes et des femmes ont désiré d'un vrai désir la vie pour tel individu ou tel groupe qui leur était cher. Les larmes d'une sainte Monique traduisent son désir de la vie pour son fils Augustin. En subissant d'être exclue de la Congrégation qu'elle a fondée Jeanne Antide Thouret exprime son désir de la vie pour chacune de ses soeurs. En s'exposant à être assassinés un Jean-Marie Tjibaou et un Isaac Rabin obéissent à leur désir de voir des groupes où l'on s'entretue s'ouvrir à désirer la vie pour tous. En des situations banales comme en des situations tragiques, ils sont foule à avoir payé à grand prix l'accomplissement en eux du désir. Le sachant ou non, ils vibraient du désir du Père qui veut que tous aient la vie. Peut-être certains d'entre eux n'ont-ils jamais dit les mots « Que ta volonté soit faite... ». Mais tous, chacun à sa manière, suivaient Jésus-Christ dans la Pâque « désirée du désir » ou il faisait la volonté du Père. En eux, par le dépassement des passions et de la convoitise, les « jeux du désir » avaient abouti à leur plein accomplissement. Dans ce plein accomplissement du désir tout homme peut apprendre du Fils « qui est le Père ».

Notes

Dans le déploiement du désir

1. *Les Jeux du désir* par Georges-Hubert de Radkowski, PUF/Croisées, 1980.
2. Gn 12, 2 ; 15, 18-21 ; 17, 15-16.
3. Ex 1, 7.
4. Jos 21, 43-45.
5. 1 R 4, 14.
6. So 2, 1.
7. Dn 3, 37.
8. Ps 137 ; Lm 5, 2.
9. Ps 44, 12 ; Os 11, 5-6 ; Is 49, 7.
10. Jr, 14, 7-9.
11. Is 55, 8-9.
12. Ps 34, 12.
13. Ps 49.
14. Jg 12, 1-7 ; Nb 21, 4-9 ; Dt 8, 11.
15. Os 2, 22 ; Ez 39, 28.
16. Jr 31, 34.
17. Is 26, 8-9 ; Ps 63, 2.
18. Is 42, 6 ; 49, 6.
19. Za 8, 20-23.
20. Ps 119, 40.
21. Ps 19, 10-11.
22. Ps 103, 13.
23. Jn 5, 26.
24. Mc 1, 34 ; Mt 4, 23.
25. Lc 7, 14-15 ; Mt 9, 23-26 ; Jn 11, 39-44.
26. Jn 6, 1-13 ; Mc 6, 30-44 ; Mt 14, 13-21.
27. Jn 6, 25-33.
28. Jn 6, 34.
29. Lc 22, 14-15.
30. Lc 22, 16 et 18.
31. Hé 12, 2.
32. Hé 9, 14.
33. Jn 1, 18 ; 12, 45.
34. Ps 119, versets 20, 30, 40, 174.
35. Jn 14, 2-7.
36. Ga 5, 24.

CHAPITRE III

PAR L'INTELLIGENCE DU PARDON

Dans son maître-ouvrage intitulé *Condition de l'homme moderne,* Hannah Arendt attribue à Jésus de Nazareth d'avoir découvert « le rôle du pardon dans les affaires humaines ». Détaillant avec minutie les textes évangéliques elle montre d'une part que la pratique du pardon est le fait de l'homme et, d'autre part, que l'homme, dans cette pratique, met en oeuvre une sorte de puissance créatrice[1]. Elle en conclut que le pardon conditionne l'existence de l'humanité. « Il faut que l'on pardonne, que l'on laisse aller, pour que la vie puisse continuer en déliant constamment les hommes de ce qu'ils ont fait à leur insu » (p. 306). Pardonner est nécessaire pour que l'humanité continue d'exister puisque nous vivons dans un monde où les hommes, bien souvent, agissent sans savoir ce qu'ils font.

Hannah Arendt parle de délier les hommes de ce qu'ils ont fait « à leur insu ». Cette réflexion sur la condition humaine fait immédiatement penser à la parole dite par Jésus quand il demande à son Père le pardon pour ses bourreaux : « Ils ne savent pas ce qu'ils font !.. ». Jésus connaît le Père. Il sait comment le Père voit cet événement de la croix où son propre Fils est mis à mort. Et parce qu'il ne fait qu'un avec le Père, Jésus voit cet événement comme il est vu par le Père : dans la vérité de cette condition humaine où il faut délier les hommes de ce qu'ils ont fait « à leur insu ».

La demande faite par Jésus en croix nous initie à un regard sur les êtres dont nous sommes peu familiers : le regard que Dieu, dans la plénitude de son intelligence, pose sur chacun d'eux. Parlant du Père, les théologiens du Moyen Âge ont souvent établi le rapport entre l'intelligence de Dieu et la mémoire. Le Père est mémoire en ce sens qu'au dedans de lui, rien de ce qu'il a créé ne se perd jamais. Mais autant cette mémoire ne laisse se perdre rien de ce qui a été créé, autant, parce qu'elle est mémoire du Père, elle recrée toujours en sa pureté initiale ce qui d'une manière ou d'une autre, a été détérioré. Nourrie de cette mémoire, l'intelligence du Père comporte cette dimension trop souvent absente de nos intelligences humaines : l'intelligence du pardon.

Il a fallu toute la durée de l'expérience biblique pour conduire le peuple d'Israël au seuil de cette révélation du Père, telle qu'elle nous est faite par Jésus-Christ. Mais il a fallu l'événement de la croix pour qu'il soit possible à l'homme de franchir ce seuil.

Vers la vérité de l'homme

L'expérience biblique, lue sans aucun *a priori*, présente bien des traits déconcertants. On nous y raconte que Dieu a fait Alliance avec un peuple à qui il a promis de le multiplier, de lui donner une terre et de magnifier son nom. Si Dieu est Dieu, ce genre de promesse venant de sa part semble bien terre à terre. Est-il digne du Très-Haut de s'engager dans ce genre de rapports avec le monde des humains ?

Une telle question constituera toujours une impasse pour ceux qui s'arrêtent aux faits racontés dans la Bible sans discerner la pédagogie dont ces faits sont la mise en oeuvre. En donnant des biens à son peuple, Dieu n'entendait pas enfermer ce peuple dans leur possession. Il lui donnait tout simplement les moyens de faire la vérité au sujet de lui-même. Conduire l'homme à faire cette vérité a été le seul but poursuivi par Dieu à travers la pédagogie dont Israël a bénéficié au cours de l'expérience biblique. La relation aux biens est un des lieux majeurs où cette vérité peut et doit se faire. Dans sa manière de vivre cette relation l'homme s'éveille à l'intelligence de ses propres limites. Le peuple élu a fait très particulièrement cette expérience en constatant que la relation aux biens reçus de Dieu peut mettre l'homme en opposition avec Dieu. Jouissant de tous ces biens promis, Israël n'arrête pas de trahir son Dieu[2]. Il le trahit en rendant un culte à d'autres dieux[3]. Mais il le trahit surtout en violant les dispositions prescrites par Dieu dans sa Loi, en vue d'un juste usage des biens[4].

Dans cette Loi de Dieu, le respect du pauvre, du petit, de la veuve, de l'orphelin, de l'étranger sont des exigences sacrées. Rien n'a été donné par Dieu à Israël qui ne doive être partagé avec ces démunis. Mais, comme le dira le prophète Michée, le peuple élu préfère « suivre les lois d'Omri »[5]. Ce général, chef des armées d'Israël, s'était adjugé la royauté par la trahison et le meurtre. Fondateur de la ville de Samarie, il avait introduit en Israël des pratiques indignes du peuple de l'Alliance[6]. Sa belle-fille Jézabel, épouse de son fils Achab, est particulièrement connue pour avoir fait assassiner le pauvre Naboth dont elle convoitait la vigne[7]. Quant à sa fille, nommée Athalie, elle est restée célèbre par l'extermination de tous les membres de sa famille qui pouvaient prétendre au trône dans la ville de Jérusalem[8]. Inspirés par de tels exemples, pourquoi les puissants en Israël se seraient-ils privés de spolier les petits[9] ? C'est le temps où on « vend le pauvre pour le prix d'une paire de sandales »[10]. L'expérience montre ainsi qu'on peut appartenir au peuple élu et mettre son intelligence au service de l'ambition, de la cupidité et de l'injustice.

Dans cette généralisation des infidélités à l'Alliance, le peuple de Dieu aurait pu s'attendre à être abandonné par un Dieu mille fois trahi. De fait, les épreuves qui s'abattent sur lui semblent bien prouver qu'il en est ainsi. La défaite devant l'ennemi, la déportation en terre étrangère, les exterminations subies font redouter à Israël que son Dieu ne se soit lassé de tant de trahisons : « Comme une femme trahit son amant, ainsi m'a trahi la maison d'Israël » avait dit le Seigneur par la bouche du prophète Jérémie[11]. D'autres prophètes utilisent des expressions bien plus dures pour qualifier le comportement du peuple élu. Ainsi Isaïe. Il traite Israël de « peuple de Gomorrhe » gouverné par les « chefs de Sodome »[12].

Pourtant, aux heures les plus tragiques de la vie de ce peuple, ces mêmes hommes de Dieu, n'arrêtent pas de dire que le Dieu d'Israël, même honteusement trahi, ne cessera pas de rester fidèle à l'Alliance conclue dans le passé : « Les montagnes peuvent s'en aller, dit le Seigneur à son peuple, les collines peuvent s'ébranler, mais mon amour pour toi ne s'en ira pas et mon Alliance de paix avec toi ne sera pas ébranlée »[13]. Ces paroles, Dieu les dit dans un moment d'épreuves particulièrement difficiles à endurer. Et par la bouche du prophète Jérémie il promet à son peuple de le guérir même de ses infidélités les plus inguérissables[14]. Cette guérison toutefois ne consistera pas pour Israël à retrouver tous les biens matériels dont Dieu l'avait comblé dans l'époque antérieure. Elle consistera pour Israël à devenir le peuple qui dira dans sa prière : « Nous te louons Seigneur, parce que nous avons écarté de notre coeur toute la malice de nos pères qui ont péché contre toi... »[15].

Cette malice qu'ils ont écartée de leur coeur, c'est l'inhumanité avec laquelle ils s'étaient comportés au cours du passé. Il en avait été ainsi dans leurs rapports avec les autres peuples mais aussi et tout autant dans leurs rapports entre eux. Ne s'étaient-ils pas massacrés entre membres d'une même tribu pour des questions de butin ? Maintenant, le peuple barbare qu'ils étaient au moment de la conquête du pays de Chanaan et au temps des Juges est devenu le « peuple humain » dont parlera le livre de la Sagesse[16]. Dans les premiers temps de son histoire, la prière de ce peuple n'était guère montée vers Dieu que pour demander des biens matériels : victoire sur les ennemis, nombreuses naissances, accroissement des richesses[17]. Ce peuple s'adresse encore à Dieu pour demander tel ou tel bien. Mais sa prière prend de plus en plus un caractère tout nouveau[18]. D'abord, cette prière monte surtout vers Dieu comme prière d'action de grâce. Surtout, cette prière rend grâces pour des biens qui ne sont plus nécessairement d'ordre matériel.

En Israël, la prière d'action de grâce pour les biens reçus avait toujours existé. Elle consistait à « bénir » Dieu. Dans cette « prière de bénédiction », on reconnaissait en Dieu l'unique source de tout bien et de toute vie. Pendant longtemps, Israël avait béni son Dieu uniquement pour des biens matériels : récoltes et naissances, victoires et butins... Après les épreuves de la déportation et de l'exil, on commence de bénir Dieu pour des biens tout différents[19]. On bénit Dieu pour le fruit des épreuves endurées. À travers elles on a progressé, en tant que peuple, vers plus de vérité humaine[20]. Une telle avancée n'est-elle pas le bien le plus important que l'homme puisse recevoir de son Dieu ? Du coup, en Israël, on en vient à bénir Dieu même pour les souffrances qui ont rendu possible cette avancée : « Tu es béni, Seigneur, Dieu de nos pères... Tu as été juste en tout ce qui nous est advenu, parce que tu nous a ainsi montré ta fidélité... Et maintenant, nous mettons tout notre coeur à te suivre »[21].

Par cette prière où ils bénissent Dieu pour sa fidélité, les fils d'Israël sont devenus le peuple « qui fait mémoire »[22].

L'intelligence de ce peuple va être habitée de plus en plus par la mémoire de l'expérience qu'ils ont vécue dans le passé. Mais la mémoire qu'ils gardent de cette expérience ne consiste ni à ressasser le mal qu'on leur a fait endurer ni à revenir sur le mal qu'ils ont fait endurer à autrui. Cette mémoire se concentre tout entière sur la fidélité que Dieu leur a gardée. Ils « font mémoire des merveilles accomplies par le Seigneur en leur faveur »[23]. De ce point de vue, les Écritures sont un livre unique en son genre. Elles transmettent aux générations à venir le souvenir de l'expérience vécue par les fils d'Israël. Dans cette expérience, il y a tout le mal commis envers Dieu et tout le mal enduré de la part d'autrui. Mais dans leurs prières de bénédiction les fils d'Israël ne font mémoire du mal enduré de la part d'autrui que pour bénir le Dieu qui les en a délivrés. Et ils ne font mémoire du mal qu'ils ont commis eux-mêmes que pour bénir le Dieu qui les en a guéris. Ce « faire mémoire » est propre aux Écritures. C'est un fruit de la prière de bénédiction.

On disait la prière de bénédiction en Israël en toute occasion où la vie triomphe, s'accroît, se multiplie. En la disant, les fils d'Israël exprimaient leur bonheur de vivre. L'expérience vécue par ce peuple a révélé aux fils d'Israël que le plus grand bonheur de vivre n'est pas lié à la possession des biens. En disant la prière de bénédiction pour rendre grâce à Dieu de les avoir guéris de leur malice, les fils d'Israël ont effectué le pas en avant le plus important à faire par tout humain dans l'expérience d'une vie. Leur mémoire s'est purifiée des deux poisons que sont la rancune envers autrui et le ressentiment contre soi. Alimentée par une mémoire que n'infestait aucun de ces deux poisons, leur intelligence s'est ouverte de plus en plus à la vérité des êtres. Écrit vers la fin de l'expérience biblique, le livre de la Sagesse atteste cette ouverture de l'intelligence des fils d'Israël sur la totalité de la vie[24]. Leur regard humain découvre et épouse en quelque sorte le regard de Dieu sur les situations qu'ils vivent. Dans leur manière d'exprimer cette découverte et cette adhésion, on perçoit comme un pressentiment de la paternité de Dieu. Ils ne revendiquent pas d'avoir Dieu pour Père. Ce serait de leur part prétention impensable. Mais pour attribuer à Dieu ce que leur expérience humaine leur a apporté de plus humainement vrai, ils évoquent ce que leur ont apporté de meilleur les pères qui les ont éduqués, même quand ces pères qu'ils ont eus se sont montrés sévères pour eux : « Le Seigneur reprend celui qu'il chérit, comme un père reprend son enfant bien-aimé » [25]. Israël a ainsi pressenti de quel regard l'homme est regardé par Dieu.

Le dévoilement des entrailles

L'un des traits peut être les plus marquants du comportement de Jésus consiste probablement dans le regard qu'il porte sur les êtres. De nombreux passages des évangiles y font référence, plus particulièrement dans l'évangile de Luc.

Les personnes que Jésus a rencontrées appartenaient à toutes les catégories de la société de son temps dans une Palestine occupée par les Romains. Jésus est abordé par des gens parfaitement intégrés à cette société. Mais il voit aussi venir à lui des hommes et des femmes qui, pour diverses raisons, vivent en situation d'exclus. Dans cette société à laquelle Jésus appartient, les lépreux, la Samaritaine, le centurion de l'armée d'occupation, la Cananéenne, les publicains étaient des gens mal vus. Les évangiles nous disent comment ils ont été regardés par Jésus[26]. Dès lors qu'ils venaient à lui, Jésus n'a détourné ses yeux d'aucun de ces « mal vus ». Il les a tous regardés comme il regardait les siens.

Le regard de Jésus sur les siens nous est familier à travers le récit de diverses rencontres[27]. Certaines de ces rencontres ont été difficiles. Ainsi des rencontres avec les diverses instances représentatives de son peuple : anciens, prêtres, scribes ou docteurs de la loi[28]. Par rapport à ces groupes, le regard de Jésus s'est parfois fait sévère. Mais même alors, Jésus a toujours eu pour ceux qu'il rencontrait le regard qui cherche à rejoindre l'autre en ce que l'autre porte en lui de meilleur. Jésus regarde avec les mêmes yeux la pécheresse venue chez Simon le Pharisien et ce Simon à qui il dit : « Tu vois cette femme... »[29]. C'est ce même regard que Jésus a fixé sur Pierre après le triple reniement. Le trait marquant de ce regard était la foi. Jésus croyait en ceux sur qui son regard se fixait. Et ceux qui ont accueilli le contenu de ce regard, loin de se sentir jugés, y ont trouvé la provocation à croire en eux-mêmes et à se dépasser.

Quand il demande à son Père le pardon pour ses bourreaux, Jésus dit : « Ils ne savent pas ce qu'ils font ». Cette phrase exprime la foi de Jésus en ceux qui l'ont condamné à mourir. Jésus croit en eux de la foi dont il croit en son Père. Croire en l'autre de la foi dont Jésus a cru ne demande pas qu'on avale les propos d'autrui sans discernement quand on rencontre chez lui le mensonge. Pas davantage croire aux hommes à la manière de Jésus ne consiste à leur confier des responsabilités au dessus de leurs moyens. Croire aux hommes comme Jésus a cru en eux consistera d'abord à ne pas méconnaître le fait que les hommes, bien souvent, ne savent pas ce qu'ils font. C'est la condition pour pouvoir les regarder avec le regard de foi. On peut alors repérer en eux la capacité de se dépasser. On les voit avec des yeux où ils peuvent lire la promesse que tout sera mis en oeuvre pour leur rendre possibles les dépassements à effectuer. Hannah Arendt a très bien vu que seule cette démarche à base de pardon permet aux hommes d'exercer « ce grand pouvoir qui est le leur, de commencer du neuf, d'innover »[30]. Par ce regard de foi, Jésus est entré en résonnance avec tous les humains sans exception. Un prophète avait prédit : « Ils regarderont celui qu'ils auront transpercé ». Jésus, lui, a prédit : « Élevé de terre, j'attirerai tout à moi !... »[31]. À tous, il ouvre le chemin vers le Père.

La révélation du Père, telle qu'elle s'accomplit ici en la personne de Jésus-Christ, exprime en même temps la plus radicale des exigences. Nous apprenons de Jésus-Christ qui est le Père grâce au côté ouvert sur la croix par la lance d'un soldat. Cette révélation n'a pas été formulée en paroles mais en actes. Dieu s'est révélé Père en se rendant vulnérable en son propre Fils. Là où le péché avait abondé, la grâce a surabondé par la blessure d'où l'eau et le sang ont coulé. Le regard qui a fait ruisseler les larmes sur le visage de l'apôtre Pierre était le regard d'un prévenu chargé de chaînes, humilié et bafoué. L'Église de ce temps, souvent méprisée et bafouée par des gens qui se croient intelligents se trouve certainement en meilleure condition pour révéler aux hommes le mystère du Père à travers cette situation que du temps où, revêtue des prestiges du pouvoir, elle pouvait adresser au monde les discours moralisateurs d'un groupe de gens qui font la leçon aux autres.

Dans sa demande de pardon pour ses bourreaux, Jésus n'est pas le quémandeur qui cherche à forcer la main d'un puissant en droit d'être irrité. Sa demande procède de ses entrailles de Fils de l'homme. Mais ses entrailles de Fils de l'homme sont aussi ses entrailles de Fils de Dieu qui naît depuis toujours des entrailles de Dieu. Ces entrailles de Dieu, les fils d'Israël en avaient pressenti le mouvement à certains moments difficiles de leur histoire : « Mon coeur en moi se retourne... Toutes mes entrailles frémissent... » faisait dire à Dieu le prophète Osée[32]. Les « entrailles de Dieu » sont la vérité de Dieu en tant que Dieu est la source unique de toute vie, le Dieu Père ! Nous savons que nos entrailles humaines sont le lieu où la vie germe et grandit. Mais nous savons aussi que la vie y germe et y grandit en secret, sous le voile. À plus forte raison est-ce sous le voile qu'il nous faut admettre le déploiement de la vie dans les entrailles de Dieu. Comment prétendre nous représenter le mouvement de ces entrailles ? Notre expérience du secret des entrailles humaines peut nous aider à admettre que nous ayons besoin du Fils pour nous dévoiler ce qui se passe dans le secret des entrailles du Père. Seul le Fils qui est dans le sein du Père pouvait nous en révéler le mystère[33].

Quand il demande pour nous le pardon de son Père, Jésus nous initie au regard que Dieu pose sur chacun des êtres humains sortis de son acte créateur. Dans ce regard s'exprime le mouvement des entrailles éternelles. Ce mouvement, il ne nous est pas possible de le scruter. Mais une ouverture sur ce mouvement d'entrailles nous a été accordée à travers le côté ouvert du Fils crucifié. Celui qui a demandé le pardon pour ses bourreaux avant de mourir savait que les hommes, dans ce qu'ils font, peuvent fort bien agir « à leur insu ». Son côté ouvert montre aux hommes que le chemin par où accéder au mystère du Père passe par l'intelligence du pardon. L'intelligence du pardon ouvre l'homme au mystère du Dieu Père de qui la vie jaillit pour tous, partout, depuis toujours et jusqu'à la fin des temps. Parce qu'il a des entrailles, le Dieu Vivant porte tous les êtres dans sa mémoire. De son enfant, fut-il devenu le plus criminel des fils, une vraie mère dira toujours : « C'est mon petit ! » Le Père , quand il nous regarde, nous voit toujours dans le regard où il nous a conçus et voulus en nous appelant à l'existence. Le Père est pardon. Il ne peut pas ne pas pardonner. Voilà pourquoi il « fait briller son soleil sur les méchants comme sur les bons et tomber sa pluie sur les justes comme sur les injustes »[34].

Le côté ouvert de celui qui a dit « Père, pardonne-leur... » nous en dit plus sur le mystère du Père que tous les enseignements donnés par Jésus dans les chapitres 5 à 7 de l'évangile de Matthieu. Dans la parabole du fils prodigue, le texte grec comporte un détail trop peu remarqué. Les diverses traductions nous disent que sur la demande du cadet, le père a partagé son bien (ou son avoir). Le texte grec dit en fait : « le père leur partagea la vie » (tòv Bíov)[35]. Le Père, source éternelle de toute vie, peut toujours tirer de ses entrailles de Dieu Vivant, des flots de vie aussi abondants. Il donne sans mesure. Le pardon, de sa part, nous dit la forme que prend la surabondance du don. Le côté ouvert nous renvoie au mystère de ce don. Aucune misère, aucun entassement de prévarications et d'infidélités ne pourrait en interrompre le jaillissement. Ce jaillissement procède de l'intelligence du Père. L'intelligence du Père est mémoire qui ne laisse rien perdre ni de ce qui a été ni de ce en quoi notre être, petit à petit, s'est élaboré. Parce qu'elle est mémoire du Dieu créateur, cette mémoire garde intégralement le souvenir du tout premier commencement. Au dedans d'elle, le souvenir du péché est toujours submergé par le souvenir de ce moment initial. Cette mémoire n'a rien de commun avec la mémoire qui détruit en ressassant par rancune le mal subi aussi bien qu'en ruminant par ressentiment les fautes commises. Cette mémoire est créatrice. Elle produit de la vie. Elle nourrit une intelligence qui est intelligence du pardon. Cette intelligence donne à Dieu ce regard dans lequel Christian de Chergé, prieur des trappistes de Tibhirine aspirait à plonger son propre regard « pour contempler avec Lui ses enfants de l'Islam, tels qu'il les voit »[36].

Connaître le Père nous est donné à condition de nous prêter à cette intelligence du pardon. Seule cette intelligence nous met en mesure de recevoir la révélation du Père. Elle nous rend possible le consentement à la vérité des choses, des événements et surtout des êtres humains. Cette intelligence s'exprime dans un regard qui perçoit dans la vie de l'autre toutes les promesses de dépassements en germe et qui dispose tout pour que ces dépassements puissent devenir un jour réalité. C'est en ce sens que l'apôtre Paul, au début de la plupart de ses épîtres, souhaite à ses correspondants « grâce et paix de par Dieu notre Père »[37]. Cette grâce et cette paix transforment l'intelligence humaine. Elles la rendent capable d'un « faire mémoire » qui est pardon[38]. C'est ce « faire mémoire » qui s'accomplit dans la célébration de la Messe. On y fait mémoire de Jésus-Christ. Mais ce n'est ni pour accuser autrui ni pour s'en vouloir à soi-même. On y fait mémoire de la démarche dans laquelle le Fils révèle le Père en donnant sa vie pour que tous aient la vie : « Père pardonne-leur ! ». On apprend ainsi de Jésus-Christ « qui est le Père » en se laissant initier à un « faire mémoire » qui purifie l'intelligence de tout relent d'inhumanité. Chez un être humain, l'intelligence du pardon est une composante indispensable de l'avancée dans la connaissance du Père.

Pardon et connaissance du Père

La connaissance du Père s'atteste chez un être humain au regard que cet être humain porte sur les êtres. Qui connaît le Père est accueillant à tous. Le côté ouvert du Christ symbolise cette ouverture, fruit de la mise en oeuvre du pardon. Dans cette ouverture, l'être humain fait l'expérience du Père en croyant en d'autres humains comme le Père, depuis toujours, a cru en eux.

Dans la vie quotidienne les occasions ne manquent pas de témoigner qu'on croit à des humains. Le conjoint dans son ménage, le maître dans sa classe ont continuellement l'occasion de porter sur quelqu'un d'autre un regard de foi. Bien des jeunes n'ont surmonté leur handicap initial que grâce à ce regard d'un parent ou d'un maître qui a cru en eux alors qu'autour d'eux tout le monde désespérait à leur sujet. En ce domaine de l'éducation, le savoir même le plus affiné ne suppléera jamais l'absence de ce regard de foi. La violence des banlieues n'a jamais été apaisée par le savoir des sociologues qui l'ont si minutieusement étudiée. Elle exprime, de la part de jeunes, le refus de croire en une société qui ne croit pas en eux. En cassant et en détruisant, ces jeunes ne savent pas ce qu'ils font. Mais ceux qui leur reprochent de casser et de détruire savent-ils ce qu'ils font en organisant la société à la manière dont elle fonctionne ? On peut en douter quand le surcroît de violence se déchaîne à la mesure du surcroît en forces de police et en ouverture de prisons.

Le regard de foi provoque l'être humain sur qui il se pose à croire en lui-même. C'est de ce regard que les parents regardent leur enfant dès le berceau. Ce regard rejoint l'homme dans les aspects de son être les plus prometteurs de croissance et de vie. L'homme sur qui se pose un tel regard est aidé à se rejoindre lui-même dans la profondeur de sa vérité originelle, dans la pureté du jaillissement de sa venue à l'existence. Il perçoit en outre, dans ce regard de foi, comme une promesse implicite que tout le possible sera fait pour que le meilleur de ce qu'il porte en lui devienne réalité. Ce sont ces deux composantes du regard de foi perçu dans les yeux de Jésus qui ont mis Zachée moralement debout comme elles ont fait ruisseler les larmes sur le visage de l'apôtre Pierre[39].

Croire aux autres en portant sur eux un regard de foi ne consiste donc pas à leur dire de bonnes paroles. La vie quotidienne en apporte souvent la preuve. Aucun discours ministériel ou présidentiel sur le « mal des banlieues » n'a mis fin aux violences qui s'y déroulent. Peut-être même les voeux de fin d'année formulés en France par le chef de l'Etat dans la nuit du Nouvel An ne sont-ils pas étrangers à la recrudescence des violences cette nuit-là. L'efficacité du regard de celui qui croit vraiment en l'autre tient moins à la force dont il dispose qu'à la vulnérabilité à laquelle il consent. Le regard de foi par lequel une mère fait grandir en humanité un fils difficile est souvent un regard embué de larmes. Tout véritable éducateur a appris cela dans son rapport avec ceux qui lui ont été confiés. Ce n'est pas en multipliant les règlements et en rendant encore plus sévère son code pénal qu'une société s'humanise. Ces dispositifs n'ont pas plus d'effet que les « coups de gueule » ou les coups de trique du père mauvais éducateur. Une société ne s'humanise que si les forts y partagent la faiblesse et les blessures des plus meurtris.

Ce regard de foi ne procède pas du seul cerveau. C'est un regard dans lequel tout l'être de celui qui regarde se compromet envers celui sur qui ses yeux se sont posés. Ce regard ne récuse aucun des constats établis par la raison. Mais il exprime au moins autant le mouvement des entrailles. C'est le regard qui permet à deux hommes de se reconnaître entre hommes même quand on les a affublés de l'uniforme de deux armées ennemies ou quand on les a endoctrinés à partir de deux idéologies opposées. Le regard de foi a en propre de ne faire qu'un avec l'amour de la vie. Dans ce regard, même s'il y a eu quelque tort causé, s'exprime déjà le pardon donné. Les paroles où Jésus demande à son Père le pardon pour ses bourreaux nous disent d'où venait le regard porté par Jésus sur le monde des hommes. Du haut de son gibet comme dans les rencontres les plus banales de son existence le regard de Jésus exprimait son amour de la vie parce que ce regard avait pour origine le mystère du Père, source unique de toute vie.

Ceux qui connaissent vraiment le Père ne sont pas nécessairement des croyants patentés. Un croyant patenté peut ne pas savoir qui est le Père tout en étant capable de réciter le symbole des Apôtres ou celui de Nicée non seulement en sa propre langue mais même en latin ou en grec. La vraie connaissance du Père chez un individu n'est pas affaire de récitations. Elle s'atteste à la capacité de pardonner. Qui connaît le Père se dira spontanément que l'offenseur ne savait pas ce qu'il faisait. Il y a une certaine dose de vice à utiliser comme argument contre quelqu'un la formule connue : « Il savait parfaitement ce qu'il faisait... ». Cette formule relève du langage des procureurs. Elle en appelle à une mémoire dont le propre est de contribuer à établir les dossiers d'accusation. Cette mémoire n'est pas celle du Père. Le recours à cette mémoire n'humanise pas les rapports entre humains même s'il en sort des décisions de justice. Ces rapports entre humains peuvent même en être empoisonnés. On perpétue rancunes et ressentiments. Une mémoire qui engendre de telles dispositions ne peut produire que des faussaires en humanité. La faire fonctionner handicape l'homme en sa marche à la suite de Jésus-Christ. Comment pourrait-on accueillir la révélation du Père ?

En ce domaine on ne méditera jamais assez l'enseignement que donnent les Écritures à travers la manière dont l'expérience du peuple élu nous y est rapportée. Les Écritures sont le livre où Israël fait mémoire. Mais la mémoire qui fonctionne dans ces textes ne vise ni à souligner les infidélités du peuple de l'Alliance ni à rappeler les torts que lui ont causés les nations. L'expérience biblique nous est rapportée comme expérience d'un peuple qui accède à la vraie mémoire en renonçant aussi bien à faire mémoire de ses propres torts qu'à faire mémoire des torts subis. La prière de bénédiction est le sommet de cet accès d'Israël à la vraie mémoire. Ce peuple a été mis en route vers la révélation du Père en apprenant à ne faire mémoire que des merveilles accomplies par Dieu en sa faveur. L'homme s'ouvre à la révélation du Père en prenant conscience que tous les hommes doivent se pardonner entre eux puisque tous sont pardonnés par Dieu...

Dans la prière qu'il nous a enseignée, Jésus nous fait dire : « Notre Père... pardonne-nous nos offenses... ». Si on s'arrête à ces premiers mots, le texte présente la relation de l'homme à Dieu comme relation à un Père qui pardonne sur simple demande tous les comportements (actes et paroles), par lesquels ses enfants l'ont offensé. Mais en prolongeant ces premiers mots par la formule « comme nous pardonnons à ceux qui nous ont offensés », Jésus fait dépendre le pardon donné par le Père du pardon que les hommes se donnent entre eux. Cet aspect du message évangélique ne saurait être minimisé. Il n'y a pas de réconciliation possible avec Dieu là où les hommes ne font pas la démarche de se réconcilier entre eux. Nul ne peut accéder au mystère de la paternité de Dieu qu'en accueillant comme un mystère la fraternité des hommes. Le pardon des torts subis conditionne l'accès au pardon du Père. Demander ce pardon suppose que l'homme consente à purifier son intelligence de tout ce qui, dans les replis de sa mémoire, pourrait éventuellement fournir des pièces à un dossier d'accusation. Tenir que les hommes agissent le plus souvent sans savoir ce qu'ils font rend possible le pardon. Ce fait devrait être pris en compte aujourd'hui plus que jamais. Les expressions « faire mémoire » et « devoir de mémoire » sont devenues à la mode dans le prolongement de la Shoah. Mais le sens donné à ces expressions véhicule parfois un contenu qui sous-entend l'impossibilité du pardon. Un tel « faire mémoire » n'est pas celui auquel Dieu a initié Israël son peuple au cours de l'expérience biblique.

Le « devoir de mémoire » tel que les Écritures le présentent ne peut pas avoir pour effet d'anesthésier en l'homme sa capacité de pardon. Le « devoir de mémoire » prêché à Israël par ses prophètes visait à exalter en lui la conviction d'être redevable de tout à Dieu. Israël a ainsi fait monter vers le ciel les prières de bénédiction où il ne faisait mémoire que des merveilles accomplies en sa faveur par son Dieu. Cette démarche l'a engagé sur les chemins conduisant à la révélation du Père. Avec le Fils, cette révélation du Père s'est accomplie pleinement dans un « faire mémoire » devenu pardon. Les chrétiens devraient faire preuve de vigilance en ce domaine. Ils ont reçu mandat de « faire mémoire » de Jésus-Christ. Ils le font particulièrement en célébrant l'eucharistie. Cette célébration devrait les préserver de l'inhumanité qui consiste à alimenter des dossiers d'accusation contre ceux qui leur ont causé quelque tort si grave soit-il. Il leur incombe de ne « faire mémoire » que pour s'émerveiller de l'amour dont le Père, en pardonnant toutes fautes, les a aimés et aime tous les humains sans exception. L'intelligence du pardon ouvre aux hommes une des voies d'accès les plus importantes vers les sommets de la connaissance du Père. Elle produit au coeur de l'homme le frémissement mystérieux du bonheur d'exister dans un univers pacifié. Des hommes et des femmes ont vibré de ce frémissement jusque dans les camps de concentration et les prisons, dans l'affrontement à la mort. Le P. Christian de Chergé, prieur du monastère de l'Atlas, a eu sur ce sujet des énoncés définitifs. Envisageant l'issue qui s'est effectivement produite, il avait écrit deux ans plus tôt : « Face à ce "martyre-là", le saint et l'assassin ne sont que deux larrons dépendant d'un même pardon. Peu s'en faut parfois qu'ils ne soient interchangeables... ». Un autre texte, tout proche de l'issue fatale donne la raison de ce « jugement » : « Si c'est à moi qu'il (le meurtrier) s'en prend, je voudrais pouvoir dire qu'il ne savait pas ce qu'il faisait... »[40]. L'intelligence du pardon avait fait vivre par ces hommes et ces femmes l'expérience de la paternité de Dieu. Ils avaient appris du Fils « qui est le Père ». Ayant suivi le Fils jusqu'au pardon donné à tous ils ont pu, avec lui, dire en toute sérénité : « Père, entre tes mains, je remets mon esprit »[41].

Notes

Par l'intelligence du pardon

1. *Condition de l'homme moderne* par Hannah Arendt, Calmann-Lévy, Agora, 1988.

2. Is 1, 4-5 ; Jr 2, 11-13 ; Ez 20 ; So 1, 4-6.
3. Os 4, 7-9. Jr 2, 8-13 et 26-28.
4. Jr 8, 8 ; 9, 12.
5. Mi 6, 16.
6. 1 R 16, 15-26.
7. 1 R 21.
8. 2 R 11, 1.
9. Mi 2, 1-5 ; 3, 1-4 ; Jr 5, 26-30.
10. Am 8, 6.
11. Jr 3, 2.
12. Is 1, 10 ; Os 2 ; Ez 16 et 2O.
13. Is 54, 10.
14. Jr 30, 17.
15. Ba 3, 7.
16. Opposer Jg 12,1-6 à Sg 12, 19.
17. Jg 5 ; 2 S 22.
18. Ps 118 ; 128 ; 138.
19. Dn 2, 19-23.
20. Né 9 ; Tb ll, 14-15.
21. Dn 3, 24 et s.
22. Ps 78 ; 105 ; 106 ; 107 ; 132 ; 136.
23. Ps 126, 2 ; 136, 1-25.
24. Opposer Jos 8, 22-29 à Sg 11, 23 à 12, 2.
25. Pr 3, 11-12.
26. Jn 4, 9 ; Mt 15, 21-26 ; Lc 19, 7.
27. Mc 10, 21.
28. Mt 20, 17 ; Lc 6, 10 ; Mc 3, 5.
29. Dans Lc 7, opposer les versets 39 et 44.
30. Hannah Arendt, *op. cit.*, p. 306.
31. Jn 12, 32 ; Za 12, 10.
32. Os 11, 8.
33. Jn 1, 18 ; Mt 6, 4, 6 et 18.
34. Mt 5, 45.
35. Lc 15, 12.
36. Lettre écrite à sa famille sous forme de Testament par le Prieur de Tibhirine moins de deux mois avant sa mort. Cf. Collectanea Cistercensia 60, 1998, p. 292.
37. 1 Co 1, 3 ; 2 Th 1, 2.
38. Lc 22, 19 ; Ep 4, 32 ; Col 3, 13.
39. Lc 19, 5 et 22, 61-62.
40. Col. Cist., *op. cit.*, p. 291 et 292.
41. Lc 23, 46.

CHAPITRE IV

DANS L'ÉLABORATION D'UNE LIBERTÉ

Selon les situations à vivre, la foi chrétienne s'exprime en actes et comportements. Elle s'est aussi exprimée dès le début en mots formulant des énoncés.

L'énoncé le plus ancien de la foi chrétienne, antérieur même au Symbole des apôtres, commence par les mots : « Je crois en Dieu, le Père tout-Puissant ».

Cet énoncé fait aujourd'hui problème pour bon nombre de nos contemporains. Le qualificatif de « tout-puissant » leur hérisse le poil. Ils y voient l'affirmation d'un attribut qui fait de Dieu un équivalent céleste des despotes d'ici-bas. Va-t-on attribuer à Dieu une toute puissance qui le rendrait capable de faire des choses contradictoires (par exemple, des ronds carrés !) ou qui lui donnerait le droit de faire des choses inacceptables (par exemple, des hommes malheureux !) ? De ces questions certains esprits qui se veulent modernes tirent volontiers argument pour nier l'existence de Dieu.

Impressionnés par cette logique, quelques baptisés récitent aujourd'hui leur *Credo* en escamotant scrupuleusement l'adjectif « tout-puissant ». Peut-être espèrent-ils qu'un jour viendra où cet adjectif sera enfin éliminé de leur confession de foi par les autorités compétentes... D'autres, souhaitant ne pas trop s'écarter de la formule traditionnelle, trouvent astucieux de l'améliorer. Ils disent donc qu'ils croient en Dieu le Père « dont l'amour est tout-puissant ». Ils espèrent ainsi dégrever le Père de toutes les accusations portées contre lui par ceux qui attribuent à sa toute puissance l'existence du mal. Mais face à l'argumentation d'un incroyant, que vaut cet amour tout puissant incapable d'empêcher le mal de tourmenter tant de pauvres êtres humains ?

Cet adjectif « Tout-Puissant » devant lequel l'esprit moderne bute si facilement fait partie de la confession de foi la plus primitive. Plutôt que de l'escamoter, ne vaut-il pas mieux chercher à saisir le sens que cet adjectif avait dans l'esprit des premiers chrétiens ? Bien saisir ce sens exige cependant que nous scrutions une fois de plus l'expérience du peuple élu.

Vers le sens de la vraie puissance

L'expérience biblique a duré dix-huit siècles. Il a fallu tout ce temps pour que le peuple élu apprenne en quel sens il pouvait donner à son Dieu le titre de tout-puissant.

Les premiers siècles de l'histoire d'Israël ont été vécus dans une relation à Dieu marquée par des événements extraordinaires. Le peuple élu a conservé le souvenir des mille interventions où Dieu, pour le protéger, avait manifesté sa puissance à travers des prodiges. Ce peuple avait vu de ses yeux l'engloutissement dans la mer des armées lancées par Pharaon à sa poursuite[1]. Il avait assisté aux victoires remportées par Moïse sur les rois qui s'opposaient à sa marche vers la terre promise[2]. Il avait mené à bout la conquête de cette terre sous la conduite de Josué[3]. Tous ces événements et surtout la gloire obtenue plus tard par ses rois avaient confirmé le peuple élu dans la conviction que son Dieu était un Dieu bien plus puissant que les dieux honorés par les autres nations.

Israël a ainsi pu vivre toute la première partie de son histoire sans se poser de questions au sujet de la puissance de son Dieu. Il pouvait s'imaginer cette puissance à l'image de la puissance des hommes en portant la puissance des hommes à l'infini. Ne suffisait-il pas aux fils d'Israël de crier vers leur Dieu pour que le cours des choses soit transformé ? Que de fois le Dieu de l'Alliance n'avait-il pas arraché son peuple à des ennemis plus puissants, au temps des Juges, avec Othniel, Debora, Gédéon, Jephté, Samson[4] ? C'est à bon droit qu'en Israël on a pensé pouvoir attribuer à Dieu le qualificatif de Tout-Puissant. Les prophètes traduisent cette conviction à travers les propos qu'ils font tenir à Dieu lui-même. Certains de ces propos vibrent de résonnances qui feraient penser à une paranoïa : « Moi, moi je suis le Seigneur... C'est moi, c'est moi... »[5].

Or, voici qu'un jour, les remous de la politique internationale ont bouleversé la tranquille assurance de ce peuple. Ces remous viennent d'abord d'Afrique. C'est l'incursion en Palestine du Lybien Sheshonq. Il se fait livrer les trésors du Temple accumulés par Salomon[6]. Trois siècles plus tard, ce sera l'expédition vers le nord du Pharaon Nechao. Il balaiera comme fétu de paille le saint roi Josias venu lui barrer la route sur la passe de Megiddo[7]. Mais les épreuves les plus dures à subir viendront de l'Orient. La suprématie des Assyriens puis des Babyloniens se traduira finalement, à un siècle de distance, par la chute de Samarie puis de Jérusalem[8]. Arraché à la terre où Dieu l'avait installé, le peuple élu est emmené en déportation. Dans cette épreuve, le Dieu d'Israël semble disposer d'une puissance inférieure à celle des dieux étrangers. Mais par dessus tout, la destruction du Temple construit par Salomon va poser à Israël la plus dramatique des questions.

Il était normal que ce peuple éprouve comme un scandale le spectacle de ses fils déportés en diverses régions du Moyen-Orient, sur les rives du Tigre et de l'Euphrate. Comment comprendre que dans sa Toute-Puissance le Dieu de la promesse se soit montré incapable de rien faire pour arracher les siens à de tels malheurs ? On pouvait, bien sûr, se dire que ces malheurs sanctionnaient les infidélités commises par les ancêtres dans le passé. Mais cette explication ne suffisait pas si l'on voulait aller au fond des choses. Car au fond des choses il y avait le pillage, l'incendie et la destruction du Temple élevé par Salomon. Ce Temple, lors de sa Dédicace, avait été rempli par la Gloire du Très-Haut venu y habiter[9]. Comment comprendre que ce lieu saint ait subi la dévastation. Le Dieu Tout-Puissant n'aurait-il pas dû défendre au moins sa propre maison ?

« Pourquoi, Seigneur, des impies ont-ils envahi ton sanctuaire ? Pourquoi nos ennemis ont-ils foulé ton sanctuaire ?... » [10]. Ces « pourquoi » criés vers le ciel expriment la profondeur du désarroi de tout un peuple. « Où sont donc ta jalousie et ta puissance, le frémissement de tes entrailles ?... » Les fils d'Abraham s'étonnent. Leur Dieu a montré sa puissance en les faisant naître d'une femme stérile[11]. Et voici que ce Dieu se montre incapable de protéger le Temple qu'ils lui ont construit. « Peux-tu rester insensible à tout cela, Seigneur... Peux-tu te taire et nous humilier sans mesure ? »[12]. Tels sont les cris poussés par le peuple élu vers son Dieu. Il arrive que ces cris prennent une résonnance de blasphème lorsque le peuple doute de son Dieu en le soupçonnant d'incapacité ou d'indifférence[13].

Or, à tous ces cris, Dieu ne répond pas. Ou plutôt, il donne la réponse la plus inattendue. « Je me suis laissé approcher, dit-il, par ceux qui ne me questionnaient pas... »[14]. Le Dieu de l'Alliance invite son peuple à s'interroger lui-même. La question ne doit pas porter sur les événements dont ce peuple est la victime. Elle doit porter sur l'idée de Dieu que ce peuple se fait et que révèlent ses réactions face aux événements. Aux cris où ce peuple l'interroge, ne répond que le silence du ciel. Ce silence du Dieu qui n'intervient pas doit mettre les fils d'Israël sur un chemin de vérité. Sur ce chemin, il est temps pour eux de s'engager. Oui ! leur Dieu est le seul vrai Dieu. Oui ! leur Dieu est le Dieu Tout-Puissant. Encore faut-il que le peuple élu prenne conscience que son Dieu n'a pas à manifester sa Toute-Puissance en faisant n'importe quoi.

Toute l'expérience politique d'Israël aboutit à cette prise de conscience. La Toute-Puissance du Dieu qui a jadis ouvert la Mer

Rouge pour libérer son peuple n'est pas une Toute-Puissance à laquelle l'homme pourrait recourir pour se dispenser de vivre en homme. La Toute-Puissance de Dieu est puissance de Vie. Cette puissance de vie a été au service de l'homme pour le faire venir à l'existence comme créature. Elle continue d'être au service de l'homme pour qu'il effectue sa croissance. Elle doit se déployer pour permettre à l'homme d'atteindre à sa propre plénitude en humanité. Mais l'homme ne peut accèder à cette plénitude de sa propre humanité qu'en devenant un être libre, responsable de ses actes et de lui-même. De la part de l'homme, recourir à la Toute-Puissance de Dieu pour se décharger de sa responsabilité d'homme serait une régression sur le chemin de son propre accomplissement. Ce serait demander à la Toute-Puissance divine de faire oeuvre de mort alors qu'elle ne peut se déployer qu'en Puissance de vie.

Telle est la prise de conscience que les fils d'Israël ont été mis en mesure de faire sur la fin de l'expérience biblique. Leur Dieu est bien le Dieu Tout-Puissant. Mais sa Toute-Puissance ne se manifeste pas d'abord ni surtout à travers les prodiges qu'il est en mesure d'accomplir. C'est une Toute-Puissance qui se manifeste en faisant croître et se multiplier la vie. Quand les fils d'Israël, lançaient vers Dieu leurs « pourquoi ? » le silence du ciel est devenu pour eux une question. Allaient-ils continuer de voir dans le Dieu de l'Alliance le simple bouche-trou de leurs incapacités ? Ce Dieu n'arrêtait pas de les provoquer à aimer la vie. Eux l'ont interpellé en criant « C'est toi, notre Père »[15]. La Toute-Puissance qu'ils implorent ne peut pas se manifester en faisant n'importe quoi. Pour être digne d'un père, la seule Toute-Puissance que Dieu pouvait déployer en faveur de son peuple ne pouvait consister en rien d'autre qu'à faire de ce peuple un peuple de vrais vivants, un peuple d'hommes et de femmes libres ! En invoquant une telle Toute-Puissance Israël pressentait dans le Mystère de son Dieu les traits de paternité que le Fils allait bientôt révéler.

Libre dans l'impuissance de la croix

Quand Jésus paraît sur la scène de la Palestine de son temps, il accomplit toute sorte de prodiges. Il vient, nous est-il dit, « avec la puissance de l'Esprit » [16]. Mais ces prodiges accomplis par Jésus ne doivent pas nous donner le change. Ces prodiges sont des signes. S'arrêter à eux rendrait difficile et même impossible de rejoindre la réalité. Il faut s'appliquer à comprendre ce que ces prodiges signifient.

Dans la relation qui l'unit à Dieu son Père, Jésus sait que la Toute-Puissance divine peut, à sa demande, comme dans les temps passés, se déployer en faits extraordinaires. Il le dit avant de rappeler à la vie son ami Lazare descendu au tombeau trois jours auparavant[17]. Mais Jésus sait aussi le long itinéraire que l'Esprit a fait parcourir à son peuple au cours des dix-huit siècles de son histoire. Il n'use donc pas de cette Toute-Puissance pour faire n'importe quoi, par exemple produire des signes dans le ciel[18]. Il en use par contre pour faire du bien : guérir, nourrir, ramener à la vie. Du coup, les foules le suivent[19]. Peut-être cet enthousiasme des foules s'attachant à ses pas lui a-t-elle fait espérer que pourrait s'accomplir ainsi son oeuvre de salut ? À supposer que cette pensée ait effleuré son esprit, l'accueil fait par ces mêmes foules à ses propos sur le pain de vie a dû le détromper[20]. Mais ces propos, Jésus ne pouvait pas ne pas les tenir. Agir autrement eût été de sa part laisser ceux et celles qui le suivaient se méprendre au sujet de la vie dont il leur parlait.

Envoyé par le Père pour que les hommes aient la vie, Jésus se doit avant tout d'aider les hommes à devenir de vrais vivants. Il usera donc de la Toute-Puissance du Père de telle manière que « tous aient la vie et qu'ils l'aient en abondance »[21]. Une mise en oeuvre de cette Toute-Puissance qui se contenterait de nourrir, guérir et même ressusciter les morts ne fait pas nécessairement de l'homme un vrai vivant. L'homme ne devient un vrai vivant qu'en devenant pleinement homme. Et il ne devient pleinement homme qu'en accédant à la liberté. Jésus s'appliquera à provoquer les hommes sur ce point-là.

Après la défection des foules, il se tiendra sur la difficile ligne de crête où son action auprès des hommes sollicitera leur liberté sans jamais s'imposer à elle. Il ne les abandonne pas en se retirant ailleurs, par exemple en pays païen, comme ses adversaires l'ont imaginé[22]... Mais il évite toute présence qui serait rendue tapageuse par les prodiges accomplis[23]... Il prend l'itinéraire, simple mais difficile, qui consistera à se comporter en homme parmi les hommes[24].

Vrai Fils de Dieu reconnu tel par son Père au moment de son baptême au Jourdain et lors de sa transfiguration sur la montagne[25], Jésus va être le vrai homme reconnu comme tel par les hommes. En sa personne se réalise ce que préfigurait le destin d'Israël. Arraché aux exterminations par la traversée des eaux de la mer Rouge et transfiguré par le don de la Loi au Sinaï, le peuple élu avait dû ensuite se soumettre à la loi commune de la condition humaine. Comme les autres peuples du Moyen-Orient, il avait subi le contrecoup des rivalités internationales entre les grandes puissances de l'époque. Jésus, élu du Père, venu au monde par l'intervention de l'Esprit et transfiguré sur la montagne par le témoignage du Père devait se soumettre lui aussi entièrement à la même loi commune de la condition humaine. Il a subi pour sa part le contrecoup des rivalités entre les factions qui déchiraient son peuple dans un contexte d'occupation du pays par l'étranger[26]. Impliqué dans les débats entre ces factions, il s'est refusé à devenir le soutien ou l'otage de l'une d'entre elles. Au bout du compte, tous ces partis l'ont rejeté après avoir tenté de l'annexer chacun à son profit. C'est parce qu'il a été l'homme libre que Jésus s'est retrouvé seul, abandonné même par ses amis[27].

La passion que Jésus subit n'est pas d'abord le résultat des animosités qui ont entouré son intervention dans le monde. Elle est d'abord et essentiellement le résultat de sa fidélité à vivre en homme vrai, libre de la liberté du Père libre. Jésus s'affirme conscient de cette liberté, la veille de sa mort, en instituant l'eucharistie. Par ce geste, il assume la responsabilité entière de ce qui va se passer dès la nuit même. Tout ce qui suivra ne sera que le déploiement du mystère de cette liberté. Livré au supplice, Jésus endurera la mort des esclaves sur une croix. Là, il jette vers Dieu le même « Pourquoi ?.. » que ses ancêtres avaient crié au temps de la déportation et de la destruction du Temple. Mais à son « Pourquoi ? » pas plus qu'à celui des ancêtres, Dieu n'a pas réagi[28]. Le Père n'a pas mis en oeuvre sa Toute-Puissance pour arracher à la mort ignominieuse des esclaves son propre Fils qui mourait librement. Le fait est là. Au cri poussé par Jésus, seul le silence du ciel a répondu.

Ce qui s'est passé ainsi dans l'événement de la croix n'a de sens que si l'on renonce à voir, dans la Toute-Puissance du Père une puissance qui s'investirait pour transformer le cours des choses en faveur des siens. Dieu avait fait cela au temps de Josué et des Juges. Mais l'événement de la croix nous fait voir la vraie mise en oeuvre par Dieu de sa Toute-Puissance. Cette Toute-Puissance ne se reconnaît pas à des faits qui modifient un rapport de forces. Elle se reconnaît à l'apparition, à la croissance, à la multiplication et à l'expansion de la vie. Le Père est Toute-Puissance de vie. Dans le silence qui répond seul au « Pourquoi ? » du Fils en croix Dieu achève de nous être révélé par le Fils comme Père. La Toute-Puissance de vie du Dieu créateur s'était manifestée dans l'oeuvre de la création par l'apparition des réalités vivantes les plus humbles comme par l'émergence des réalités vivantes les plus prestigieuses, depuis les microorganismes jusqu'aux végétaux et aux espèces animales. Mais cette Toute-Puissance se manifeste comme puissance de vie du Dieu Père lorsque l'homme devient un vrai vivant en accédant à la liberté. L'événement de la croix réalise en Jésus-Christ la manifestation plénière de cette Toute-Puissance. Elle la symbolise aussi pour les humains de tous les temps.

En effet, dans l'événement de la croix, le « Pourquoi ? » sans réponse crié par le Fils rejoint tous les « Pourquoi ? » que des hommes ont crié et crieront jusqu'à la fin des temps. À ces « Pourquoi ? », il n'est pas donné de réponse parce qu'une réponse venue d'ailleurs empêcherait l'homme de tirer de lui-même la vraie réponse à donner. Cette réponse, pour être vraie, doit être pure de tous les alibis que l'homme pourrait se donner pour échapper à la condition concrète que la vie lui fait. Jésus qui n'a pas eu de réponse remet librement son esprit. Il le fait en inclinant la tête comme pour signifier le « Oui » libre qu'il donne au destin qui lui a été donné à vivre en tant qu'homme venu vivre parmi les hommes. La Toute-Puissance du Père s'est manifestée dans l'événement de la croix, non en changeant le cours des choses mais en consacrant en Jésus sa liberté de Fils de l'homme a égalité avec la plénitude de liberté qui était la sienne comme Fils de Dieu. Tout homme, si modeste soit-il, qui le sachant et le voulant, entre à plein dans le destin qui lui est donné à vivre, témoigne du même niveau de liberté. Il participe avec Jésus-Christ et à la suite de Jésus-Christ, à une Toute-Puissance qu'aucune puissance de la terre ne saurait faire plier. Fils libre du Père libre, cet homme a appris de Jésus-Christ « qui est le Père ». Il connaît le Père par expérience en s'attestant libre de la liberté dont est libre le Dieu Père, origine de toute vie.

C'est dans sa mort que le Fils nous a révélé le Dieu en qui nous croyons. Ce Dieu de la révélation est Tout-Puissant en tant que Père. Sa Toute-Puissance n'est pas celle que sollicitaient les Hébreux dans la première partie de l'expérience dont rendent compte les Écritures. Cette Toute-Puissance d'un Dieu Père a été pressentie par les fils d'Israël quand ils ont consenti à n'avoir pas de réponse aux « Pourquoi ? » que leur arrachaient les souffrances et les humiliations de l'exil. À la différence de toutes les « impuissances » douloureusement ressenties par des humains qui n'arrivent pas à mettre au monde une descendance, mais à l'encontre de toutes ces prétendues puissances qui ne savent que régenter la planète en y faisant oeuvre de mort, l'événement de la croix montre en quoi consiste la Toute-Puissance du Père. Cette Toute-Puissance est productrice de vie. Elle s'exerce par la mise en oeuvre d'une liberté suscitant la liberté en autrui. Avec le Fils en croix s'effectue la pleine révélation de la Toute-Puissance du Père.

En sa Toute-Puissance, le Dieu Vivant est l'unique Père. Père libre, il engendre des fils libres. Il engendre les hommes à la liberté en leur donnant son Esprit pour qu'ils vivent librement ce que la vie leur donne à vivre[29]. Conduit par cet Esprit, Jésus a vécu librement son destin d'homme en tout semblable aux autres hommes. Il a révélé le Père Tout-Puissant lorsque, dans l'impuissance apparente à laquelle il était réduit il n'a pas répondu à la provocation de ceux qui l'invitaient à descendre de sa croix[30]. Dans cette situation où il semblait réduit à l'impuissance, il se savait libre. Edith Stein se savait libre en se reconnaissant et s'affirmant juive avec son peuple plutôt que de faire valoir son baptême pour échapper à l'extermination. Des millions d'hommes et de femmes se sont attestés libres, en des circonstances moins dramatiques mais tout aussi décisives pour eux. La fidélité à leurs appartenances leur a valu persécutions et mépris. Jésus, l'homme qui se savait libre, a vécu ses derniers instants en esclave suspendu à un gibet d'esclaves. Mais il se savait tellement libre, que du haut de ce gibet il a tenu des propos de Souverain. Au larron qui lui parle de sa venue dans son Royaume il promet le paradis pour le jour-même[31]. Ce n'est pas sans raison que l'Église, pour célébrer la royauté universelle de Jésus-Christ, a choisi le texte où sont rapportés ces détails de l'événement de la croix. En ces détails, Jésus révèle le Père dont parlent les baptisés quand ils confessent : « Je crois en Dieu, le Père Tout-Puissant... »

Liberté et connaissance du Père

L'expérience de la vie devrait permettre à chacun de recevoir petit à petit la révélation où l'on apprend du Fils « qui est le Père ». Mais il est important de ne pas attendre cette révélation à travers les facilités qui mettent des privilégiés à l'abri des aléas de la condition humaine. Cette révélation se fait souvent à travers les situations difficiles à vivre parce que ces situations contribuent plus que les autres à nous faire grandir en liberté.

Le sens indû trop souvent donné à l'adjectif tout-puissant procède au moins en partie des illusions que les hommes se font en ce qui regarde l'accès à la liberté. Pour un trop grand nombre d'entre eux, la liberté consiste à pouvoir faire ce qu'on veut, à qui on veut, comme on veut, parce qu'on le veut et qu'on a les moyens de le faire. Israël aussi avait cru que la liberté était acquise avec l'entrée en possession de la terre de Chanaan. Ce peuple se croyait libre en raison d'une Toute-Puissance de Dieu qu'il imaginait à son service. Il n'est pas rare que des humains fassent le même raisonnement. Ils se croient libres en raison des ressources dont ils disposent, du savoir qu'ils possèdent, du pouvoir qu'ils détiennent. Ils se croient libres par leur misérable toute-puissance de dictateur qui peut faire mettre à mort un opposant, de ministre qui peut révoquer un fonctionnaire, de chef de service qui peut assigner un subordonné aux basses tâches. Ne serait-ce pas cette toute-puissance frelatée qui conduit nos contemporains à refuser pour Dieu un attribut dont ils ont secrètement honte ? Cette toute-puissance frelatée, quand elle est mise en oeuvre par l'homme, le rend inapte à produire, à faire grandir et à protéger la vie. C'est une toute-puissance de mort !

Parmi les problèmes qui empoisonnent l'existence des hommes beaucoup naissent de cette fausse idée de la toute-puissance. Des hommes qui se croient tout-puissants en tel ou tel domaine se sont montrés incapables de se priver de la gloire, des avantages ou des bénéfices que pouvait leur procurer la mise en application immédiate de quelque nouvelle découverte. Indifférents aux risques liés à une utilisation prématurée, ils ne résistent pas au besoin de montrer leur puissance. On a vulgarisé ainsi sur le marché pharmaceutique un produit (Stalinon) qui faisait naître des enfants sans membres. On vend sous des noms nouveaux des aérosols qui « trouent » la couche d'ozone. Qu'il s'agisse d'écologie ou de génétique, on voit, de génération en génération, se répéter les mêmes comportements inspirés par la vanité, la cupidité ou la bêtise. Aucun moratoire, même souhaité ou réclamé par les plus hautes instances scientifiques, n'a jamais pu s'imposer à cet homme moderne que nous sommes. Un Etat qui se présente comme le garant de la paix sur la planète entend consommer sans contrôle son charbon malgré les effets de serre dénoncés par le monde scientifique. C'est le fruit de la confusion entre toute-puissance et maîtrise des choses. Dire le sens de la confession de foi : « Je crois en Dieu le Père tout-puissant » serait un service à rendre à cet homme moderne. Ces mots lui rappelleraient qu'il n'est de vraie toute-puissance que celle qui produit la vie, la protège et la fait croître et se multiplier. La Toute-Puissance du Père est vraie parce qu'elle fait grandir la vie des hommes vers sa propre plénitude en faisant progresser l'homme vers la liberté

L'expérience biblique dit aux hommes les conditions de cet accès à la liberté. L'homme ne peut pas savoir s'il est vraiment libre tant que tout va bien pour lui. Seul l'affrontement à l'épreuve et surtout à l'épreuve du non-sens peut lui permettre de sonder ses propres profondeurs. On se sait libre à partir des comportements par lesquels on réagit aux situations qui nous dépassent. Dans la seconde partie de son histoire, Israël a été affronté à des situations qui le dépassaient. Il a crié ses « Pourquoi ? » Son cri s'adressait à un Dieu qui, auparavant, intervenait régulièrement pour lui faciliter l'existence. Un jour, devant l'absurdité de son destin et le silence du ciel, les fils de ce peuple en sont venus à dire à Dieu : « C'est toi notre Père ! » Dieu n'a pas bougé. Mais son refus d'intervenir a contraint les enfants d'Israël à s'interroger. Il n'est pas rare que des croyants aient besoin de traverser l'épreuve du silence de Dieu pour apprendre par expérience que Dieu n'est pas Père au sens de Toute-Puissance chargée de les tirer d'affaire. Des facilités de l'enfance irresponsable, il faut bien un jour passer aux exigences de la véritable liberté.

Ce passage aux exigences de la liberté se fait à travers la démarche où l'homme cherche et trouve au dedans de lui-même la réponse aux questions que lui posent les événements et les situations à vivre. Les réponses où s'atteste l'avancée vers la liberté ne sont pas nécessairement celles que donnerait dans un groupe, une majorité numérique. La liberté naît d'abord dans le secret d'une conscience personnelle. Sont libres ceux qui décident de leurs actes dans une fidélité à eux-mêmes inséparable de la fidélité à leurs appartenances. On leur fera peut-être grief de vouloir garder cette double fidélité. Mais eux savent qu'ils ne peuvent pas ne pas agir ainsi. Agir autrement serait pour eux se renier eux-mêmes. Ces humains obéissent à l'injonction montée de leurs propres profondeurs. Peut-être y perdront-ils la liberté au sens physique de liberté de mouvement si leur choix leur vaut la prison. Peut-être y perdront-ils même la vie. Mais ils se savent libres. Le témoignage de leur conscience leur suffit. Peut-être ignorent-ils que les profondeurs auxquelles ils obéissent sont le sanctuaire intérieur où les habite l'Esprit qui fait dire à l'homme : « Abba !.. » « Père !.. ». Peut-être n'ont-ils jamais entendu parler de Jésus-Christ. C'est pourtant lui qui, mystérieusement, leur a révélé qui est le Père en les entrainant à sa suite sur des chemins de vraie liberté.

Ceux qui ont vécu ce type d'expérience ont le sentiment très fort d'être vraiment à l'origine de ce qu'ils font en obéissant à l'intime injonction de leur coeur. Par rapport à leurs décisions, ils sont, comme le dit saint Augustin, « un certain commencement »[32]. En cela s'atteste qu'ils connaissent le Père. Le Père est l'unique commencement de toutes choses : commencement dans le mystère des relations de la vie divine ; commencement dans le déploiement du monde sorti de son acte créateur. Parce qu'il est le commencement au sens le plus vrai et le plus fort de ce terme, le Père est liberté. Avant d'avoir reçu explicitement la révélation du Père, bien des fils d'Israël ont témoigné qu'ils pressentaient le mystère de leur Dieu comme mystère d'un tout premier commencement. Ils ont préféré mourir plutôt que d'obéir à des injonctions extérieures auxquelles n'adhérait pas le profond de leur coeur. Ont pressenti eux aussi quelque chose de ce mystère ces millions d'hommes et de femmes qui, de par le monde, sous tous les cieux et à toutes les époques de l'histoire ont choisi de perdre la vie plutôt que de n'être pas fidèles à eux-mêmes. En se voulant origine de ses actes, l'homme s'atteste libre de la liberté du Père.

En l'être humain de Jésus-Christ, cet accès de l'homme à la liberté a atteint son sommet. Plus cette liberté se réalise dans un être humain, plus cet être humain connaît le Père, au moins d'une connaissance implicite. Cette connaissance du Père libère l'homme des mille scrupules par lesquels on le maintient si souvent dans la dépendance et la peur. Pour mieux jouer aux tout puissants, les pouvoirs terrestres s'autorisent volontiers de la référence à un Dieu tout puissant. Même en faisant profession d'athéisme, ils utilisent cette référence pour justifier leur emprise sur des humains. La bourgeoisie voltairienne du XIXe siècle avait ainsi inventé le carcan du « patron de droit divin » pour mieux tenir en laisse les travailleurs d'une industrie en expansion. Au moment de la naissance de la JOC (Jeunesse Ouvrière Chrétienne), de jeunes ouvriers ont brisé ce carcan. Ils prenaient conscience de leur dignité de fils et de filles de Dieu. C'était le fruit de leur découverte du Père révélé par Jésus-Christ dont ils méditaient ensemble l'évangile. Ils savaient que ce Père a voulu l'homme à son image et ressemblance. Par la ressemblance à ce Père, tout homme est « un certain commencement ». Entre eux, par eux et pour eux, ces jeunes travailleurs et travailleuses ont inventé de nouveaux rapports dans l'entreprise. En s'éprouvant lui-même comme vraie et authentique origine de ce qu'il dit et de ce qu'il fait, l'homme fait l'expérience de ce « commencement » qu'il lui incombe de devenir. Plus il fait cette expérience en profondeur et plus, dans cette expérience, il apprend du Fils « qui est le Père »...

Ceux qui, dans leurs prières ou dans la confession de foi, récusent l'utilisation de l'adjectif « tout-puissant » ont le tort de ne voir la puissance qu'en termes de choses qui peuvent se faire[33]. C'est là aborder la question de la Toute-Puissance du Père à travers des images vraiment simplistes. On ignore que cette question de la Toute-Puissance du Père a conduit les hommes à se poser la question de la vraie liberté. Les évangiles nous invitent à discerner en quoi consiste la vraie Toute-Puissance du Père en nous montrant son déploiement suprême dans l'impuissance totale du Fils donnant sa vie sur la croix dans la plénitude de sa liberté. La Toute-Puissance du Père ne s'est pas manifestée dans le tonnerre et les tremblements de terre du Sinaï. Le Dieu révélé par Jésus comme Père s'atteste lui-même comme Tout-Puissant dans le mouvement même où il s'efface. Sa Toute-Puissance se déploie en se voilant. Là Dieu est Père pour l'homme en élevant l'homme au niveau de sa propre liberté divine. L'histoire de l'humanité montre que des humains, depuis toujours, ont pressenti que la liberté met l'être humain à égalité avec

Dieu. Certains en ont tiré comme conclusion un devoir de révolte de la part de l'homme quand la vie à vivre ne correspond pas à ce que l'homme souhaiterait. Après avoir pressenti sa propre grandeur, l'homme s'est ainsi trop souvent ravalé en-dessous de lui-même. Prétendant se soustraire à ce que la vie lui donnait à vivre, il a cessé d'être libre. Un individu humain n'est pas libre de la liberté vraie s'il refuse de vivre son destin en solidarité avec le destin de toute l'humanité. Solidaire du destin de l'humanité entière, Jésus-Christ nous a appris à dire dans le Notre Père les mots bien connus : « Que ton Règne vienne... » Le Règne que Jésus nous invite à appeler dans cette prière n'a rien à voir avec l'avènement de quelque mode d'exercice du pouvoir. Dire au Père : « Que ton Règne vienne... » équivaut à dire : « Que tous les hommes deviennent libres de la liberté à laquelle tu les a appelés ». C'est vraiment pitié, de voir des hommes intelligents et cultivés redouter l'avènement de ce que Jésus appelle le Règne de Dieu. Ils réagissent en fonction des abus imputés aux régimes théocratiques.

Le Règne de Dieu que nous appelons en disant le « Notre Père » n'a rien à voir avec une théocratie. Ce Règne advient au coeur de chaque homme avec l'accès de cet homme à la liberté vraie. C'est le Règne du Père Tout-Puissant dont la Toute-Puissance de vie engendre, à son image et ressemblance, de vrais vivants. Le Mystère de ce Père Tout-Puissant a resplendi dans l'événement de la Croix. Dans cet événement, Jésus-Christ, vrai Fils de Dieu, a vécu à fond dans la plénitude de sa liberté, ce qui lui était donné à vivre en tant que Fils de l'homme. Au cours d'une existence humaine, les échecs, les déceptions, la maladie, les infirmités, la vieillesse, les incapacités de quelque nature qu'elles soient peuvent constituer l'événement où se vit une même expérience. La diminution ou même la perte des énergies propres donnent occasion de mieux percevoir les énergies divines avec lesquelles notre être humain est invité à entrer en synergie. Une douce paix intérieure s'instaure. Comme ferait un enfant, l'homme s'abandonne à sa propre impuissance en plénitude de liberté, avec le sentiment d'être quasiment porté dans un bain de tendresse. De grands spirituels comme le Bienheureux Nicolas Barré ou sainte Thérèse de l'Enfant-Jésus ont admirablement perçu et traduit cette expérience de la paternité de Dieu. Dans sa première vie de saint François d'Assise, le biographe Thomas de Celano décrit cette expérience. Le Poverello a pu ainsi « voir se réaliser en lui la miséricordieuse volonté de notre Père des cieux » dans l'événement où il a reçu en sa chair les stigmates de Celui qu'il avait toujours suivi[34]. Plus un homme s'applique à suivre Jésus-Christ en vivant ce qui lui est donné à vivre dans un libre abandon de soi à Dieu, plus cet homme a de chances de savoir « qui est le Père ».

Conclusion de la deuxième étape

À travers les « jeux du désir », par l'intelligence du pardon et dans l'élaboration d'une vraie liberté, les Écritures et la vie rendent possible à chacun trois approches du mystère du Père au coeur même de l'expérience quotidienne.

Pour chacune de ces trois approches, tout se joue dans la fidélité à suivre Jésus-Christ en sa démarche de « retour au Père ».

Dans cette marche à la suite de Jésus-Christ, l'homme fait la vérité sur son propre désir, il ouvre son intelligence au pardon, il paye au prix voulu son accès à la liberté. Avec Jésus-Christ accomplissant son « retour au Père » on pénètre dans le mystère de l'Origine ultime et du tout premier Commencement. On reçoit la révélation de l'amour totalement gratuit dans lequel le monde a été conçu et voulu de toute éternité. On entre en dialogue avec Celui auprès de qui le Fils nous donne accès. Comme le Fils, soutenus par l'Esprit, on dit le mot « ABBA !.. Père !.. »

Cette connaissance du Père est expérimentale en ce sens qu'elle s'effectue dans l'expérience même de la vie. Ce n'est pas une expérience d'ordre étranger à l'existence banale de tous les jours. Mais c'est par grâce que l'existence banale de tous les jours s'illumine de clartés nécessairement venues d'ailleurs. Ce qui avait paru dépourvu de signification prend du sens. On se sait aimé dans un univers où l'on est comme porté.

L'accès à de telles réalités est inimaginable à l'homme qui entend se suffire avec ses propres moyens humains. Aucun savoir théologique, aucune approche psychologique n'obtiendront jamais à qui que ce soit d'accéder à l'expérience qui fait dire à un être humain : « Abba ! Père !.. ». Seule la marche à la suite de Jésus-Christ peut valoir à quelqu'un de la vivre, étant entendu que bien des gens, de par le monde, même sans avoir jamais entendu le nom de Jésus, sont en marche à sa suite dans le concret de leur vie.

Apprendre du Fils « qui est le Père » ouvre le coeur et l'esprit de l'homme sur les profondeurs du mystère divin. Mais cette ouverture sur les profondeurs de Dieu ne s'effectue en un homme qu'au rythme de son ouverture du coeur et de l'esprit sur les profondeurs du destin humain. La tendresse pour le faible, la miséricorde pour le coupable, la sollicitude pour le pauvre, le démuni, le chômeur, l'étranger, le sans-domicile, le sans-ressources ou le sans-papiers prolongent et renouvellent chez les êtres humains qui s'y prêtent, la plaie qui fut ouverte au côté du Christ. À ce signe se reconnaît que ces gens, croyants ou incroyants, sont en chemin vers la connaissance du Père.

Scruter le lien entre ouverture sur les profondeurs du mystère de Dieu et ouverture sur les profondeurs du destin de l'homme invite ici à une troisième étape supplémentaire.

Notes

Dans l'élaboration d'une liberté

1. Ex 14, 27-31.
2. Nb 21, 1-3 ; 31, 1-12.
3. Jos 12, 1-9.
4. Jg 3, 9 ; 4 ; 7, 21-25 ; 11, 32 ; 15.
5. Is 43, 11 et 44, 24-28.
6. 1 R 14, 25-27.
7. 2 R 23, 29-30.
8. 2 R 17, 5-6 ; 24, 13-16 et 25, 10-11 ; Jr 52, 27-30.
9. 1 R 8, 10-11.
10. Is 63, 18.
11. Gn 21, 1 ; cf. Rm 4, 19.
12. Is 64, 10-11.

13. Jr 14, 8-9 ; Ps 79, 3-5 ; 89, 41-52 ; 44.
14. Is 65, 1.
15. Dt 30, 19 ; Ps 34, 13 ; Is 63, 16 et 64, 7.
16. Lc 4, 14.
17. Jn 11, 41-42.
18. Mt 16, 1-4.
19. Mt 4, 25.
20. Jn 6, 41 et 60.
21. Jn 5, 26 ; 10, 16.
22. Jn 7, 35.
23. Jn 11, 54.
24. Ph 2, 7.
25. Mc 1, 9-11 ; 9, 7.
26. Mc 3, 22 ; 12, 13-17 ; Lc 16, 14-15 ; 20, 19 ; Jn 5, 18.
27. Jn 16, 32 ; Mc 14, 50.
28. Mc 15, 34.
29. Rm 8 ; Ga 4, 17 et 5, 1.
30. Mt 27, 39-40.
31. Lc 23, 43.

32. Cette formule (*aliquod initium*), énoncée par saint Augustin, a été citée et commentée par Hannah Arendt dans *La vie de l'Esprit,* T. 2 : Le vouloir, PUF, 1983, p. 103-132.

33. Beaucoup se sont étonnés de voir que l'expression « Père tout-puissant » est rigoureusement absente du document publié par les évêques de France en vue de l'année du Père. On lira par contre avec intérêt et profit les pages 91 et suivantes d'Emmanuel Falque dans *Le Passeur de Gethsémani,* Le Cerf.

34. Voir *Marcheur dans la nuit : Nicolas Barré* par Brigitte Flourez, Paris, Saint Paul, 1992 ; *Vita Prima* par Thomas de Celano, Éd. Franciscaines, Documents, 2e Partie, chapitre 2, p. 272.

Troisième Étape

« LE PÈRE DES MISÉRICORDES »

L'apôtre saint Jacques, dans son épître, parle du Dieu « Père des Lumières, de qui vient tout don parfait ». Au sujet de ce Père, il ajoute une phrase mystérieuse : « Il a voulu nous enfanter par une parole de vérité, pour que nous soyons comme les prémices de ses créatures ».

Cette phrase d'un apôtre peut nous étonner en raison de l'utilisation du verbe « enfanter ».

Enfanter, c'est faire venir à l'existence par un processus d'engendrement. En bon Juif, fidèle à toute la tradition de son peuple, l'apôtre Jacques sait très bien qu'en dehors de sa vie trinitaire où il engendre son Verbe, l'unique Fils, Dieu n'engendre pas. Dire qu'il a voulu nous enfanter introduit dans la relation entre Dieu et les hommes un élément sujet à interrogation.

Il faut donc s'expliquer.

Sans doute l'explication se trouve-t-elle implicitement formulée dans la suite du texte. Il est dit que Dieu a voulu nous enfanter *par une parole de vérité.* Ces mots « par une parole de vérité » doivent nous aider à faire la différence entre la manière dont le Père nous enfante et ce qui se passe pour Lui dans l'engendrement de son Fils. Alors que le Père engendre son Fils directement, c'est indirectement, par une parole de vérité, qu'il nous enfante.

Cette parole de vérité on peut la voir dans l'ensemble des paroles qui nous disent comment le Dieu de vérité s'est révélé aux hommes dans l'expérience biblique et évangélique. Prises comme un Tout, ces paroles seraient alors la parole mise en oeuvre par Dieu pour faire de nous ses enfants en nous rendant vivants de sa propre vie. Un tel enfantement n'a rien de commun avec la manière dont le Fils unique est engendré. Ce Fils est engendré de toute éternité. Les êtres humains que nous sommes sont enfantés par Dieu au long d'une expérience historique vécue dans le cours du temps. La tradition chrétienne, à la suite des intuitions de l'apôtre Paul dans son épître aux Galates, a retenu le mot adoption pour s'exprimer sur cet enfantement.

Revoir l'expérience biblique et l'expérience évangélique permettra de mieux comprendre en quoi cet enfantement consiste.

CHAPITRE V

LA GRÂCE DE L'ADOPTION

Parcourir l'expérience biblique et l'expérience évangélique nous a déjà permis à trois reprises d'y saisir la mise en oeuvre de la pédagogie dont Dieu a usé auprès d'Israël pour préparer l'homme à accueillir la révélation du Père. Resterait à saisir le lien entre la mise en oeuvre de cette pédagogie et l'initiation du peuple élu à une ouverture universelle.

Vers l'ouverture universelle

Un des traits majeurs de l'expérience vécue par le peuple élu consiste dans l'ouverture progressive de ce peuple à l'ensemble du monde. Une pédagogie lente et minutieuse s'est exercée auprès de cette descendance d'Abraham pour l'arracher petit à petit aux divers enfermements dans lesquels, trop souvent, l'homme, de lui-même, se replie.

Cette tendance au repliement sur soi s'exprime de diverses manières mais avec évidence dans les premiers temps de l'expérience biblique. On le voit à travers le comportement des patriarches. Ceux-ci s'accommodent fort bien d'ignorer les populations au milieu desquelles ils se déplacent. Pour marier leurs enfants, ils vont chercher au loin, dans leur propre parenté[1]. On voit aussi se manifester cette tendance dans la relation entre les Hébreux et la population égyptienne : le peuple élu se tient à l'écart ! On le voit plus encore au moment de la conquête du pays de Chanaan : les fils d'Israël massacrent toute la population[2]. Le bon moyen pour ne pas se mélanger aux autres n'est-il pas de rester seuls occupants du territoire ? Quelques réchappés survivent. On dénoncera en eux la cause de tous les maux qui surviendront par la suite[3].

Après la période difficile de l'installation des tribus et de leur lutte contre les voisins parfois menaçants, les fils d'Israël gouvernés par des rois connaissent enfin la prospérité. Cette prospérité atteint à son apogée avec le règne de Salomon[4]. Israël se prend alors un peu pour le centre du monde, s'imaginant que tous les peuples ont entendu parler de la sagesse de son roi[5]. Avec la construction et la dédicace du Temple, cette illusion ne peut que se renforcer. Le repli sur soi se traduit facilement en dérision pour les autres peuples. C'est le moment où Dieu, par un prophète, met en garde les Israélites contre l'illusion qu'ils seraient un peuple supérieur aux autres par le nombre, la vaillance ou la droiture[6]. Mais les illusions ne se dissipent pas facilement. Israël ne commencera de s'en libérer que par la rencontre des autres peuples, sous la contrainte des événements.

Ces événements commencent de se succèder après la division du Royaume de Salomon. Ils atteignent leur plus haute intensité dramatique avec l'anéantissement des deux royaumes de Samarie et de Juda l'un après l'autre. Mais voici que dans ces ténèbres du malheur une lumière inconnue vient éclairer le destin des fils d'Israël. Que ce soit en Chaldée par la déportation, que ce soit en Égypte ou ailleurs de par leur propre mouvement d'émigration, ils entrent en contact avec des populations dont ils ignoraient tout auparavant. Le livre de Daniel raconte symboliquement cette rencontre à travers les aventures d'un groupe de jeunes israélites nommés Daniel, Ananias, Misaël et Azarias. Initiés à la culture et à la civilisation babylonnienne, sur l'ordre du roi Nabuchodonosor, ces jeunes gens en deviennent les spécialistes. Sur quelque point de sagesse ou de prudence qu'on les interroge, le roi de Babylone les trouve dix fois supérieurs à tous les sages de son royaume tout entier[7].

Ce récit du livre de Daniel vaut d'être pris en compte pour l'ouverture dont font preuve les quatre jeunes juifs. Mais il vaut tout autant d'être pris en compte pour l'ouverture dont a fait preuve le responsable de leur formation. Ce « chef des eunuques du roi », un nommé Ashquenaz, s'était montré attentif à respecter les convictions religieuses des jeunes gens confiés à sa responsabilité. Ce récit, tout comme le récit des aventures du prophète Jonas, témoigne d'un changement du regard des fils d'Israël sur les nations païennes. C'est un fruit de la dispersion. Les fils d'Israël ont eu la surprise de rencontrer sous tous les cieux des hommes et des femmes au coeur droit. On appelle ces gens des « craignant-Dieu ». La déportation, l'exil et la dispersion du peuple élu ont eu ainsi pour résultat d'ouvrir Israël aux autres peuples.

Cette expérience de la dispersion n'a pas eu pour seul effet de transformer le regard des fils d'Israël sur le monde environnant. Elle a aussi modifié l'idée que ces fils d'Israêl se faisaient à leur propre sujet. Ils sont le peuple de l'Alliance. Cette Alliance a fait d'eux le peuple élu, « un peuple consacré au Seigneur son Dieu »[8]. Pendant des siècles, la manière dont ils se représentaient leur Alliance avec Dieu avait contribué à les isoler des peuples étrangers. Ceux-ci étaient uniquement perçus comme un danger de perversion. Or voilà que Dieu leur annonce qu'il accueillera dans sa maison les étrangers qui se seront attachés à lui. « Je les conduirai, dit le Seigneur, à ma montagne sainte ». Dans cette annonce il est dit que le Temple de Dieu deviendra « maison de prière pour tous les peuples »[9].

Par-delà l'exclusion dont le peuple élu a été frappé en subissant la déportation s'instaure maintenant en Israël une vision nouvelle des relations à vivre avec les nations étrangères. Aux heures sombres de la déportation, on s'était cru abandonnés par Dieu. Maintenant, on se dit que cette épreuve avait un sens. Le sentiment s'impose que la déportation a été une chance non seulement pour Israël mais pour toute l'humanité. « Célébrez le Seigneur en face des nations », chante le vieux Tobit, « car s'il vous a dispersés parmi elles, c'est aussi parmi elles qu'il vous a montré sa grandeur »[10]. La vraie grandeur de Dieu ne pouvait pas se limiter à être le Dieu d'un seul peuple, ce peuple eût-il été le meilleur de tous. Tous les peuples sont appelés à vivre en relation d'Alliance avec lui[11]. Israël en vient à reconnaître que son Dieu est aussi le Dieu de tous les peuples car il est le Dieu de l'univers.

Cette ouverture du peuple élu à l'ensemble des nations ne pouvait pas s'effectuer sans que la relation d'Israël à son Dieu en soit modifiée. À travers cette relation, tout fils d'Israël avait appris à reconnaître « sa propre chair » dans le pauvre et l'affamé de son peuple[12]. Maintenant, c'est avec des membres de n'importe quelle nation que le même comportement lui est demandé. Même la terre reçue de Dieu devra être partagée avec le fils d'étranger[13]. Dieu a souci du destin de ces nations païennes. Les dernières paroles de Dieu au prophète Jonas au sujet de la ville de Ninive le montrent bien[14]. Le prophète Aggée décrit la venue de ces nations à Jérusalem. Elles apportent au Temple du Seigneur leurs trésors en or et en argent[15].

Mais ce n'est pas seulement avec leurs richesses matérielles que les peuples étrangers vont enrichir le peuple élu. Le dernier des poèmes attribués au prophète Isaïe fait entrevoir un avenir où toutes les nations viendront à Jérusalem comme chez elles. Elles y ramèneront les fils d'Abraham dispersés. Elles aussi contempleront la Gloire du Seigneur. Ce jour-là, Dieu se choisira même des prêtres en leur sein[16]. « De l'Orient à l'Occident, mon Nom est grand parmi les nations » proclame le Seigneur lui-même par la bouche du prophète Malachie [17]. Les fils d'Israël, en se prêtant à la pédagogie divine, se sont ouverts à la totalité du monde humain sans la moindre exclusion. « N'avons-nous pas tous un Père unique ? » demande encore Malachie [18]. Evidemment, le mot Père est utilisé ici dans un sens très large. Mais cette question posée par le prophète montre à quel point la sollicitude de Dieu pour son peuple élu avait ouvert la descendance d'Abraham au sens de l'universel.

L'exclu par tous qui n'exclut personne

Jésus vient annoncer sa bonne nouvelle au moment où le peuple élu achève de vivre ce processus d'ouverture à l'universel. Sous cet aspect, on peut voir en Jésus un fruit de cette ouverture. Mais on peut dire aussi qu'avec lui, cette ouverture va prendre une dimension insoupçonnée.

Cette dimension se dessine à travers la manière dont Jésus nous est présenté dans les récits de son procès et de sa mort. Son visage est le visage de l'exclu. La mort de Jésus a été demandée par les Juifs à travers les trois instances représentatives de leur peuple : les anciens, les prêtres et les docteurs de la Loi. Mais sa condamnation à mort a été prononcée par le procurateur romain, représentant d'un pouvoir étranger à Israël. Toute l'humanité, monde juif et monde non-juif a participé à cette exclusion. En ce sens, avec l'historien franciscain David Flood, on peut dire de Jésus qu'il est « le grand exclu de l'histoire »[19]. La dimension nouvelle apportée par Jésus dans l'ouverture de son peuple à la totalité du monde humain éclate ainsi avec toute son évidence : Jésus est l'exclu qui n'exclut pas. Son attitude, surtout dans sa mort, porte l'ouverture à l'universel au plus haut point jamais atteint. Rejeté par tous, Jésus est resté ouvert à tous, sans exception. Exclu par tous, il n'a exclu personne.

Or, pour peu que l'on cherche la raison de cette ouverture à tous de la part de Jésus, on trouve immédiatement la référence au Père. « Tout ce que me donne le Père viendra à moi et celui qui vient à moi, je ne le jetterai pas dehors »[20]. Dans cette affirmation Jésus exprime au su de tous la conscience qu'il a de lui-même. Il se veut solidaire de tous, juifs et non-juifs, parce que tous lui ont été donnés par son Père. Il regarde ces hommes qui lui ont été donnés comme faisant partie de lui-même. Il le rappelle instamment quand il s'agit des plus petits : « Ce que vous faites au plus petit d'entre les miens, c'est à moi que vous le faites »[21]. Exclu par tous, Jésus n'exclut personne parce que, de sa part, exclure quelqu'un serait aller contre la volonté de son Père. Ce serait s'amputer lui-même d'une partie de l'être qu'il tient du Père.

Cette conscience que Jésus avait de son unité avec tous les humains a été profondément perçue par l'apôtre saint Paul. Sur le chemin de Damas, cet apôtre avait entendu les paroles : « Je suis Jésus que tu persécutes... »[22]. Pour lui, ces paroles ont pris petit à petit toute leur densité de signification. Elles lui ont permis d'écouter les récits sur la vie de Jésus et de réentendre citer ses paroles en accédant à une profondeur de sens que beaucoup d'autres, autour de lui, ne percevaient pas. Pour lui, Jésus n'avait pas dit : « Je suis Jésus dont tu persécutes les disciples ». Il n'avait même pas dit : « Je suis Jésus dont tu persécutes les membres... ». Il avait dit « Je suis Jésus que tu persécutes ». Paul sait que tous sont appelés à venir à Jésus puisque tous lui ont été donnés par le Père. Donc tous sont lui. Jésus n'en jette aucun dehors. Ils sont son corps. Ils vivent de la vie que lui-même a reçue de Dieu son Père.

Jésus avait annoncé le jaillissement d'une source d'eau vive où pourraient venir boire tous ceux qui auraient soif [23]. Cette source, l'apôtre Jean l'a vue jaillir du côté ouvert par le coup de lance sur la croix. Dans cette source Paul voit l'eau jaillie du rocher pour sauver le peuple de la soif [24]. Ceux qui s'abreuvent à cette source s'y désaltérent de l'Esprit par qui le corps du Christ a été conçu en Marie[25]. La source d'eau vive annoncée par Jésus rend donc ceux qui y boivent vivants de sa propre vie. Jaillie du corps du Christ après sa mort sur la croix, cette source ne donne pas à boire les eaux d'une vie physique et matérielle à laquelle le Christ est mort. Elle communique la vie divine de celui qui, formé par l'Esprit au sein de Marie, a été ressuscité par le Père.

Tous ceux qui vivent ainsi de sa vie sont pour Jésus la « chair de sa chair ». Membres du corps du Fils de Dieu fait chair, ils entrent dans la relation que ce Fils de Dieu entretient avec son Père. Même s'ils n'en ont pas conscience ils sont partie intégrante du Fils. Dans l'Esprit qui les anime, ils peuvent donc dire « Père ! » eux aussi. Ce n'est pas que le Père les ait engendrés. Mais ils n'en sont pas moins des fils véritablement fils[26]. L'apôtre saint Jacques a raison de dire que le Père les a enfantés par une parole de vérité. Cette parole de vérité ce sont les Écritures en tant qu'elles disent la pédagogie par laquelle Dieu, ouvrant l'homme à l'universel, l'arrache à l'enfermement dans les étroitesses de la recherche de lui-même. Mais cette parole de vérité que sont les Écritures n'a trouvé sa plénitude de sens qu'avec la venue de Jésus-Christ.

La parole de vérité par laquelle le Père nous a enfantés est une parole qui n'a achevé de se dire qu'avec le Fils lui-même. En sa démarche d'ouverture à tous, ce Fils est « parole de vérité » du simple fait que, exclu par tous, il met fin à l'exclusion en n'excluant personne. « Parole de vérité » ce Fils fait chair dans le sein de Marie l'est très particulièrement dans le Fiat de Gethsémani. Là, il acquiesce librement à un destin de Fils de l'homme qui est partie intégrante du destin de l'humanité entière. Il dit son « Oui ! » à la volonté de salut pour tous qui s'exprime depuis toujours dans les entrailles du Père. Nous naissons des entrailles du Père par ce « Oui ! » que dit le Fils. Par rapport à notre destin, le Père et le Fils ont ainsi échangé leur parole. Dans cette parole échangée, nous avons été enfantés. Le Père a dit son « Oui ! » en donnant son Fils ; le Fils a dit son « Oui ! » en donnant sa vie. Il s'agit d'une adoption. Le Père et le Fils attendent que nous donnions notre « Oui ! » nous aussi. En disant ce « Oui ! » sous l'action de l'Esprit, nous entrons dans un échange où nous apprenons « qui est le Père ».

« La preuve que vous êtes des fils, dit saint Paul aux Galates, c'est que Dieu a envoyé dans nos coeurs l'Esprit de son Fils qui crie : « Abba !.. Père !.. »[27]. Venu se joindre à notre esprit, l'Esprit de Dieu fait monter ce mot « Père » de nos profondeurs comme il monte depuis toute éternité des profondeurs divines du Fils. L'Esprit en nous balbutie ce mot comme il a été balbutié aux profondeurs humaines de Jésus dans les premiers moments où ces profondeurs ont commencé de s'exprimer. Nous ne sommes pas fils par droit en nous érigeant en égaux de Dieu comme y avait prétendu l'homme du Jardin d'Éden. Nous sommes fils par grâce, dans le Fils qui nous a aimés et s'est livré pour nous[28]. Nous sommes fils dans le Fils à la seule condition de nous ouvrir avec lui et comme lui à la totalité des hommes, puisque c'est pour tous les hommes qu'il a donné sa vie.

Saint Paul dit aux Colossiens que le Christ a été voulu par Dieu de toute éternité pour être les prémices de toute l'humanité[29]. En nous intégrant à son corps comme « chair de sa chair » par le don de l'Esprit, le Christ fait que nous devenons nous aussi prémices de l'oeuvre créée. Dans le prolongement de l'ouverture d'Israël aux nations, l'ouverture du côté du Christ à tous les humains sans distinction accomplit en faveur de tous leur enfantement à la vie du Père. Comme Ève est venue à la vie grâce à l'ouverture faite par Dieu dans le côté d'Adam, tous sont enfantés par le Père qui les fait venir à la vie grâce à la plaie ouverte dans le côté de Jésus-Christ. Plaie ouverte et paternité divine ont partie liée. Impossible de dire « Notre Père » en ayant le coeur ou l'esprit fermés à qui que ce soit. Dieu nous a enfantés par la parole de vérité. C'est dans la vie que cette Parole s'est accomplie à travers l'expérience biblique et dans l'expérience vécue par Jésus-Christ. C'est dans la vie que cette parole de vérité doit continuer de s'accomplir à travers l'expérience de ce qui nous est donné à vivre.

Se recevoir tous d'un même Père

À la « Parole de Vérité » par laquelle Dieu les enfante, les hommes ont à répondre chacun pour sa part. Il incombe à chacun et à tous de faire de leur vie une parole qui soit parole de vérité elle aussi.

Cette « parole de vérité » qu'il nous incombe de dire suppose comme préalable une prise de conscience à laquelle Dieu, par sa propre Parole, nous invite. Il nous faut prendre conscience que nous ne sommes pas le fruit du hasard. Paul le dit fortement aux Éphésiens et aux Colossiens. Nous avons été conçus, voulus et créés dans le Christ. Dans la pensée de Dieu, nous existions déjà, comme corps du Christ, avant même que ne commencent les milliers (milliards !..) de millénaires qui se sont déroulés depuis le commencement du monde. À supposer que tout ait commencé par un « big-bang », nous étions portés dans les entrailles de Dieu, en son Fils, bien avant que se déclenche ce possible « big-bang ». Des parents se font parfois une gloire d'avoir programmé (comme ils disent) la venue de leur enfant. Ils sont heureux de penser que ce petit être qui vagit encore n'est pas un fruit du hasard mais le fruit de leur désir. Dans le mystère de Dieu, le Père, le Fils et l'Esprit regardent tout être humain comme le fruit de leur désir. C'est en ce sens que l'apôtre Jacques écrit que nous avons été voulus par Dieu « comme prémices de ses créatures ».

Cette prise de conscience d'avoir été voulus depuis toujours et comme le sommet de tout le reste peut transformer notre vie intérieure. La joie d'exister en jaillit naturellement. Ce n'est pas rien, pour un être humain, de savoir qu'il a été désiré. La vision du monde, des êtres et des événements s'éclaire d'une toute autre lumière. Le regard devient contemplatif. Il va au-delà des apparences trop souvent obscures et même ténébreuses d'un réel dont le secret nous échappe ou dont la connaissance nous déroute. Rejoindre notre origine en la contemplant dans le Christ en qui on a été voulu avec tous les humains donne à la vie sa véritable signification. Nos yeux peuvent la voir sous un jour différent. Dans le Christ, chacun peut se voir et voir l'humanité tout entière d'un tout autre regard. Trop d'humains ne se voient et ne voient le monde qu'avec des yeux de taupe. Leur regard ne sait pas embrasser un horizon plus large que l'horizon de leur trou. Quel contenu peut avoir pour de tels humains l'adjectif pourtant si lourd de sens, par lequel commence le « Notre Père » ?

Dire en vérité cet adjectif « notre » suppose une certaine conscience qu'on a été appelé à l'existence avec tous et depuis toujours. Né de cette prise de conscience, le regard contemplatif dépasse tout cloisonnement qui mettrait les humains en catégories. Les différences de couleur, de culture, de classe, de race, d'âge sont le produit de notre appartenance à la terre : un lieu déterminé de la planète, un moment particulier de la société. Ces différences s'enracinent dans le temps. Les racines de notre appel à exister s'enracinent, elles, dans les profondeurs de l'éternité. Dans un monde où l'accélération des déplacements fait se multiplier les échanges, les différences entre humains sont probablement appelées à perdre de leur rigueur en vue de l'enrichissement de tous. La référence au Christ en qui tous ont été conçus et voulus par le Père, permet de regarder les difficultés de la rencontre entre humains avec un regard moins inquiet. Ces difficultés tiennent à notre origine de terre. L'instinct qui cherche la rencontre nous vient du Christ en qui le Père nous a tous enfantés. Cet instinct puise sa sève dans l'éternité. Il en détient aussi les promesses.

Porter sur la vie ce regard contemplatif, capable de dépasser les étroites limites de l'immédiat ne nous est pas toujours facile. Comme l'Israël des débuts de l'expérience biblique et comme le nouveau-né dans son berceau, tout individu et tout groupe, en ses débuts, se prend pour le centre du monde. Nous avons tous du mal à nous situer dans les processus où « le monde gémit en travail d'enfantement ». La prière où Jésus nous fait demander que le Nom du Père soit sanctifié peut nous y aider. En nous faisant exprimer cette demande, Jésus ne cherche pas à nous mobiliser pour des manifestations publiques consacrées à exalter le NOM du Père. Le Nom du Père est sanctifié quand la vie de tous ses fils, à commencer par celle des plus petits, est tenue pour sacrée. Il en est ainsi en ces mille démarches obscures où l'homme vient au secours de la vie menacée, particulièrement chez l'enfant (y compris l'enfant à naître !), le petit, le pauvre, le démuni, l'étranger, l'affamé, le sans-travail, le sans-domicile, le sans-papiers. On empêche que le NOM du Père soit sanctifié quand on ne met pas tout en oeuvre pour qu'en chacun de ces petits la vie soit préservée, puisse croître et se multiplier. Chaque être humain sanctifie pour sa part et à sa mesure le NOM du Père en cherchant à faire que se réalise, au bénéfice de tous les humains, le dessein initial d'expansion de la vie. C'est dans ce dessein que le Père les a tous conçus et voulus de toute éternité.

« Je sanctifierai mon saint NOM devant toutes les nations » avait annoncé le Seigneur s'adressant à son peuple Israël[30]. Le Dieu de l'Alliance a sanctifié son NOM en se révélant Père, en son Fils Jésus-Christ. La sainteté du Père consiste à donner la vie en vivifiant les êtres par le don de son Esprit. Cette sainteté s'est déployée au plus haut point dans la mort à laquelle son Fils s'est soumis. Pour empêcher que soient exclus de la vie ceux qui allaient à la mort ce Fils est allé à la mort avec eux, lui aussi. Cette mort est le moment-clé où le Nom du Père est sanctifié. Dieu s'y révèle Père en enfantant l'homme à la vie de son Fils qu'il ressuscite. Cette révélation s'accomplit très particulièrement à travers les images de l'eau et du sang jaillissant du côté ouvert par la lance du soldat. Ce que l'apôtre a vu et qu'il nous décrit dépasse l'événement lui-même. C'est aux entrailles éternelles du Dieu unique source de toute vie que cette scène nous renvoie. Plus que tout autre fait de l'histoire, l'événement de la croix nous révèle le Père, parce que cet événement nous plonge dans le mouvement même où le NOM du Père a été sanctifié par le Fils quand le Fils s'est dit comme « parole de vérité » en remettant au Père son esprit.

Le chrétien qui a reçu cette révélation se doit d'en faire l'inspiration de la part qu'il prend à la mission de l'Église. La parole de vérité qui ouvre à autrui la connaissance du Père ne consiste pas en discours inspirés par la psychologie. Pas davantage on ne communique cette connaissance du Père en imposant à autrui quelque doctrine ou quelque théorie. La connaissance du Père n'est pas de l'ordre du savoir. Elle ne se communique qu'à travers cette « parole de vérité » que sont les attitudes d'ouverture à autrui. Alors, elle se communique d'elle-même comme une « révélation » venue du Fils. Il en est ainsi très particulièrement lorsque les ouvertures à autrui comportent le consentement à être blessé. Pour se révéler aux hommes, le Père s'est fait vulnérable en la personne de son Fils fait homme. La révélation du Père par l'Église ne se fera pas autrement. Toute pratique qui recourt à des armes autres que celles de la faiblesse rend impossible la perception du mystère des entrailles divines tel qu'il a été dévoilé dans l'ouverture du côté de Jésus-Christ. Même l'affirmation que Dieu est Père cesse d'être « parole de vérité » si le mouvement des entrailles du Père ne transparaît pas au moins un peu à travers le comportement de ceux ou de celles qui prétendent dire la foi de l'Église.

Le mouvement des entrailles de Dieu est une réalité que le peuple élu avait pressentie de bonne heure, bien avant que révélation en soit faite au monde dans l'événement de la croix. Les prophètes, pour rappeler Israël à son Dieu, évoquaient ce mouvement en utilisant le mot « hesed » que nous traduisons par le mot tendresse[31]. Aux heures les plus sombres de leur histoire, les fils d'Israël s'étaient prévalus de ce mouvement d'entrailles pour en appeler à Dieu : « Où sont donc ta jalousie et ta puissance, le frémissement de tes entrailles ?.. »[32]. En Jésus-Christ, les baptisés savent que ces mots disent l'intégrale vérité. C'est dans les entrailles de Dieu que les hommes ont été portés. Et Dieu, en tant que Père, frémit pour eux du frémissement de ces entrailles où il les a conçus et voulus avant de les créer. Le mot *miséricorde* exprime cette disposition originelle de Dieu envers l'homme. Mais ce mot, malgré les développements que le Pape Jean-Paul II lui a consacrés dans une encyclique, ne véhicule aujourd'hui pour bien des gens que des accents de pitié supérieure sinon méprisante. Il nous faut retrouver la signification de ce mot en sa densité divine. Il arrive qu'un être humain ressente en sa chair ce qui est ressenti dans la chair d'un être aimé. Ainsi en est-il du Dieu que l'apôtre Paul a appelé « Père des miséricordes »[33] : ce Dieu ressent mystérieusement en son être divin ce que nous éprouvons en notre chair de pauvres humains.

L'apôtre Paul a invoqué Dieu sous ce titre de « Père des miséricordes » dans une lettre où son coeur frémit encore des inquiétudes que les Corinthiens, ses correspondants, lui ont causées. Aucun vrai mouvement d'entrailles n'a été ressenti depuis le commencement des temps, par quelque être humain que ce soit, dont l'origine ne se trouve dans le mouvement éternel des entrailles divines. Dieu est le Père des miséricordes parce que s'originent en lui toutes les démarches par lesquelles des êtres humains reconnaissent en d'autres êtres humains leur propre chair. C'est parce que le Dieu de Jésus-Christ est le Père des miséricordes que les hommes sont frères. Dans leur aspiration à une fraternité universelle d'où nul ne soit exclu, les hommes feraient bien de se le rappeler. Sortis tous de la terre, les hommes sont un peu frères à travers cette commune origine de leur être de chair. Mais autant cette origine terrestre leur est commune, autant elle les différencie. Il arrive même qu'elle les oppose comme au Kosovo en cette fin de millénaire. Trop souvent, cette origine commune n'arrive à les rassembler que dans la fraternité de la mort, lorsque tous redeviennent cette poussière qu'ils ont refusé d'être pendant le temps de leur vie. Plus que par le sein de la terre, même s'ils en sont tous sortis, les hommes sont frères par les entrailles divines[37]. Là, avant même d'exister, tous ont été aimés. Là ils pourront tous se retrouver pour peu qu'ils acceptent d'y avoir tous été enfantés. La grâce de l'adoption énonce la « parole de vérité » qui dit aux hommes qui ils sont : tous frères entre eux parce que tous fils du même Père, seule et unique origine de toute vie.

Notes
La grâce de l'adoption

1. Gn 4, 3-4 ; 27, 46.
2. Jg 6, 21 ; 8, 24 ; 10, 28-39 ; etc.
3. Jos 23, 12-16 ; Jg 2, 11-15.
4. 1 R 4, 20.
5. 1 R 5, 11.
6. Dt 7, 7 ; 8, 17 ; 9, 4.
7. Dn 1, 20.
8. Dt 7, 6.
9. Is 56, 6-7.
10, Tb 13, 3-4.
11. Is 11, 9 ; 49, 6 ; Za 8, 23 ; Ml 1, 11.
12. Is 58, 7.
13. Ez 47, 22-23, cf. Ps 86.
14. Opposer Jon 4, 11 à Na 3.
15. Ag 2, 7-9.
16. Is 66, 18-21.
17. Ml 1, 11.
18. Ml 2, 10.
19. David Flood dans *Frère François et le Mouvement franciscain*, Éditions de l'Atelier/Éditions Ouvrières, Peuple de Dieu, 1983, p. 39.
20. Jn 6, 37.
21. Mt 10, 42.
22. Ac 9, 5.
23. Jn 7, 38.

24. Cf. 1 Co 10, 5.
25. 1 Co 2, 12-13 ; Lc 1, 35.
26. 1 Jn 3, 1-2.
27. Ga 4, 6.
28. Ga 2, 20.
29. Col 1, 15-19.
30. Ez 26, 20-24.
31. Os 2, 21.
32. Is 63, 15.
33. 2 Co 1, 3.
34. Ep 1, 4-5.

CONCLUSION

NOTRE PÈRE !

L'Église et les chrétiens de toute confession vivent peut-être, avec l'époque contemporaine, un moment-clé de la révélation du Père. Peut-être fallait-il que l'homme moderne tue Dieu comme père en mettant à mort tant de fausses représentations décalquées sur l'expérience de nos paternités humaines. Ces faux-pères, barbus ou glabres, fouettards ou papa-gateau, avaient peut-être pu nourrir la relation à Dieu en des cultures moins exigeantes. Mais il fallait bien, pour l'humanité de ce temps, en venir enfin à la relation au Dieu Père tel que Jésus seul pouvait nous le révéler.

Notre Père...

Cette évolution dans nos représentations du Dieu-Père fait sans doute partie du travail d'enfantement dont parle Paul dans son épître aux Romains. Ce travail prépare une naissance. Avec cette naissance, le monde devrait contempler de ses yeux la gloire des fils de Dieu. Cette gloire dira au monde qui est le Père. Mais cette gloire des fils de Dieu ne sera vraie que si elle brille des éclats de lumière dont rayonne le mystère de la croix. Puisée aux rayons de cette gloire, la connaissance du Père ouvre aux hommes les voies d'accès à l'unité dont ils portent en eux depuis toujours la nostalgie parce que, depuis toujours, ils ont un Père dont tous et chacun peuvent dire qu'il est « le leur » puisque, parlant ensemble, ils lui disent « Notre !.. »

Qui es aux cieux...

La référence à une autorité de type paternel a pendant longtemps présidé aux démarches des groupes humains en quête de leur propre unité : anciens, princes, souverains, monarques. Même l'Église, en certaines de ses initiatives, a tenté d'obtenir par cette référence l'unité des siens. Saints-Pères et « bons pères » rassuraient le peuple chrétien sur les chemins parfois obscurs de l'existence. Rien pourtant ne serait plus pervers pour l'Église comme pour l'humanité que la recherche d'un rassemblement dans l'unité obtenu grâce à quelque substitut du Père. Jésus, sur ce chapitre, nous a mis en garde une bonne fois : « N'appelez personne du nom de Père sur la terre, car vous n'avez qu'un seul Père qui est aux cieux... » (Mt 23, 9).

Que ton nom soit sanctifié...

La démocratisation et la sécularisation des sociétés en Occident ont mis en cause la plupart des substituts du Père. Mais on a vu s'ériger des substituts inédits auparavant : État, Parti, sectes, gourous... L'État, surtout lorsqu'il devient « Providence », tend à éliminer les substituts de moindre taille. Il domine par la toute-puissance de la loi. Cette toute puissance vaut certes mieux que celles de la force, de la richesse ou de la peur. Mais c'est une toute-puissance qui peut uniquement protéger contre la mort. Elle n'a jamais produit la moindre petite étincelle de vie. Seule une toute-puissance qui soit Toute-Puissance de vie peut aider l'humanité à progresser sur le chemin de sa véritable unité. Cette toute-puissance de vie ne peut être que la toute puissance du Père dont le NOM est sanctifié lorsque la vie de ses enfants, à commencer par celle des plus petits, est tenue pour sacrée.

Que ton règne vienne...

Après avoir tué tant de pères qui n'en sont pas, il serait temps pour le monde des humains de revenir au Père révélé par Jésus-Christ. Le monde est trop vaste et trop divers pour que son unité puisse se fonder sur autre chose que sur l'accomplissement du dessein initial de ce Père. Mais cet accomplissement n'est pas dans les possibilités des hommes. L'avènement du règne de Dieu ne relève pas de la volonté des hommes. Même l'État détenteur de la toute-puissance de la loi, qu'il soit laïc ou religieux, n'a aucune compétence pour hâter la venue de ce règne. Ce règne vient !.. Les hommes ne le bâtissent pas ! Il leur incombe de se prêter à sa venue en s'appliquant à devenir de plus en plus des hommes libres.

Que ta volonté soit faite, sur la terre comme au ciel...

Quand Jésus nous fait dire au Père : « Que ta volonté soit faite... » il ne nous provoque pas à donner un « Oui ! » fataliste à une volonté arbitraire. Il nous invite à dire un « Oui ! » libre à tout ce que le Père met en oeuvre pour que son dessein initial d'expansion de la vie nous trouve disponibles au bénéfice de la vie en tous. La volonté du Père est volonté de vie pour tous, quelles que soient leurs différences ou leurs appartenances. Plus les hommes diront « Oui ! » à cette volonté de leur unique Père, plus ils voudront la vie les uns pour les autres, sans exception. Plus alors se réaliseront les conditions requises pour que l'unité s'instaure sur la terre comme elle existe depuis toujours dans le ciel.

Donne-nous aujourd'hui notre pain de ce jour...

En tant que Fils de Dieu fait homme, Jésus a mené une vie où ne faisaient qu'un l'écoute de son Père et l'écoute des hommes. Homme, il a écouté les hommes même quand il n'était pas écouté par eux. Écouter son Père ne lui était possible que dans cette écoute de ces hommes que son Père lui avait donnés pour frères. « Tout fils qu'il était, il a appris par la souffrance ce qu'il en coûte d'écouter jusqu'au bout ». Être vivants de la vie de l'unique Père met nécessairement les hommes à l'écoute les uns des autres, quoi qu'il doive leur en coûter. À la suite de Jésus et comme Jésus lui-même, ils deviennent alors les uns pour les autres le vrai « pain quotidien » donné par le Père dont chaque être humain a le plus besoin.

Pardonne-nous nos offenses, comme nous pardonnons...

Écouter l'autre comme il est écouté par le Père n'est pas seulement affaire de cerveau. C'est aussi et au moins tout autant, affaire d'entrailles. Le Père nous écoute avec les entrailles dans lesquelles il nous a portés de toute éternité. Pour lui, les hommes sont et resteront toujours ces êtres qu'il a mis au monde dans l'élan de son amour. Il sait bien que ces êtres agissent souvent sans même savoir ce qu'ils font. Ecouter l'autre comme il est écouté par le Père rend possible aux hommes de ne pas s'enfermer dans la mémoire morbide des torts subis ou causés. Tous préservent ainsi et font progresser l'unité en se pardonnant leurs torts les uns aux autres comme le Père n'arrête pas de leur pardonner.

Ne nous soumets pas à la tentation, mais délivre-nous du mal...

Il est habituel, dans le monde des humains, de ne pas écouter Dieu parce qu'on ne sait pas s'écouter les uns les autres. Dans sa passion et sa mort, Jésus a été à l'écoute du Père en étant jusqu'au bout à l'écoute des hommes ses frères. Il nous dit ainsi sur quels chemins marcher à sa suite pour aller vers la vie. Vivre à l'écoute du Père en étant à l'écoute de nos frères désarme en nous les puissances du mal. Mais vivre fidèles à cette écoute est déjà de l'ordre de la grâce. Accueillir cette grâce exige de l'homme qu'il désavoue toute prétention de se suffire à lui-même pour surmonter ses tentations. Le surcroît de force nécessaire aux heures où le mal semblera nous submerger, nous le demandons en disant les dernières paroles mises par Jésus sur nos lèvres quand il nous a appris à dire : « Notre Père... »

POSTFACE

LA « GLOIRE DE NOS PÈRES »...

Je garde de mon père deux souvenirs précis. Je me vois, tenu par sa main, faisant sur mes petites jambes mes premières promenades jusqu'au-delà du cimetière, dans la lumière du soir... Je le vois étendu mort sur l'établi où l'on avait allongé son corps, avec sa joue trouée et son visage ensanglanté que ma mère me faisait embrasser.

J'ai grandi dans le culte de mon père.

Il est possible que cette image vénérée ait contribué à donner sens, quand je les entendais, aux paroles de l'évangile où Jésus parle de son Père. Mais petit à petit j'ai appris à donner sens aux paroles de Jésus à partir de son expérience de la gloire de son Père et non à partir de la gloire du mien.

Car la gloire de nos pères, même les meilleurs, ne nous révèle pas le Dieu Père de Jésus-Christ. Par contre, la révélation de la gloire de ce Dieu, Père céleste, peut nous aider à reconnaître où se trouve la vraie gloire de nos pères de la terre. À l'image de celle du Père céleste, leur gloire se révèle en effet dans la triple expérience du désir, du pardon et de la liberté.

Quand la convoitise enferme tant d'hommes dans la seule recherche de leurs satisfactions, la vraie gloire de nos pères n'est-elle pas dans le fait que ces hommes ordinaires sachent ne désirer pour leurs enfants que la plénitude de vie que leurs enfants désirent déjà eux-mêmes obscurément ?

Quand leur mémoire enferme tant d'hommes dans une recherche de justice identifiée au paiement de toute dette, la vraie gloire de nos pères n'est-elle pas dans le fait que ces hommes ordinaires sachent toujours pardonner à ceux et celles en qui leurs yeux ne cessent de voir leurs « petits » ?

Quand le goût du pouvoir pousse tant d'hommes à s'assujettir d'autres humains pour réaliser leurs ambitions, la vraie gloire de nos pères n'est-elle pas dans le fait que ces hommes ordinaires sachent si bien s'effacer pour que leur enfant se réalise selon ses propres choix, en toute liberté ?

Si les pères depuis quelques générations, ont perdu de leur gloire n'est-ce pas parce qu'on a attendu d'eux autre chose que la vérité de ce qu'ils sont. À travers le désir, le pardon, la liberté, ils attestent que la vie a du sens parce qu'elle est un don gratuit. On a attendu d'eux le bon ordre quitte à leur reprocher ensuite d'entraver la liberté. Du Père céleste aussi on a attendu qu'il contribue au maintien de l'ordre quitte à lui reprocher ensuite d'être supporteur des tyrannies.

Approfondir le Mystère du Père pourrait nous aider à redécouvrir ce qui fait la vraie gloire de nos pères de la terre. Ils sont le rappel vivant que nul n'est à lui-même sa propre origine. Sur l'origine personne n'a jamais mis ni ne mettra jamais la main. L'origine nous précède. Elle n'est pas objet de savoir. On y croit. C'est une question de foi. Saint Augustin s'en est expliqué en une formule célèbre : « Chacun croit qui est son père, sur la parole de la mère ». (*De patre créditur interposita matris auctoritate*).

À l'homme moderne pour qui tout est objet de savoir, il est bon de rappeler que la question de l'origine relève de la FOI. C'est ce que fait Jean-Paul II en nous invitant à scruter le mystère du Père. Si le monde de ce temps redécouvre la Gloire du Père des cieux, il pourra redécouvrir ce qui fait la vraie gloire de nos pères de la terre. L'initiative de Jean-Paul II comporte aussi cet enjeu.

Table des matières

Mise en page par Édimicro, 29, rue Descartes, 75005 Paris
Tél. : 01 43 25 35 77 & 36 77 -Télécopie : 01 43 25 37 65
E-mail : Edimicro.Dafal@wanadoo.fr

Achevé d'imprimer par Corlet, Imprimeur, S.A. - 14110 Condé-sur-Noireau (France)
N° d'Éditeur : 5252 - N° Fab. : 5314 - N° d'Imprimeur : 39300 - Dépôt légal : juin 1999

Imprimé en France